人妻手記

心も身体もあた……

激イキっした……頂体験を告白します

竹書房文庫

第一章
真冬の快感に蕩けて

第二章　真冬の快感に火照って

第三章 真冬の快感に燃えて

第四章

真冬の快感に乱れて

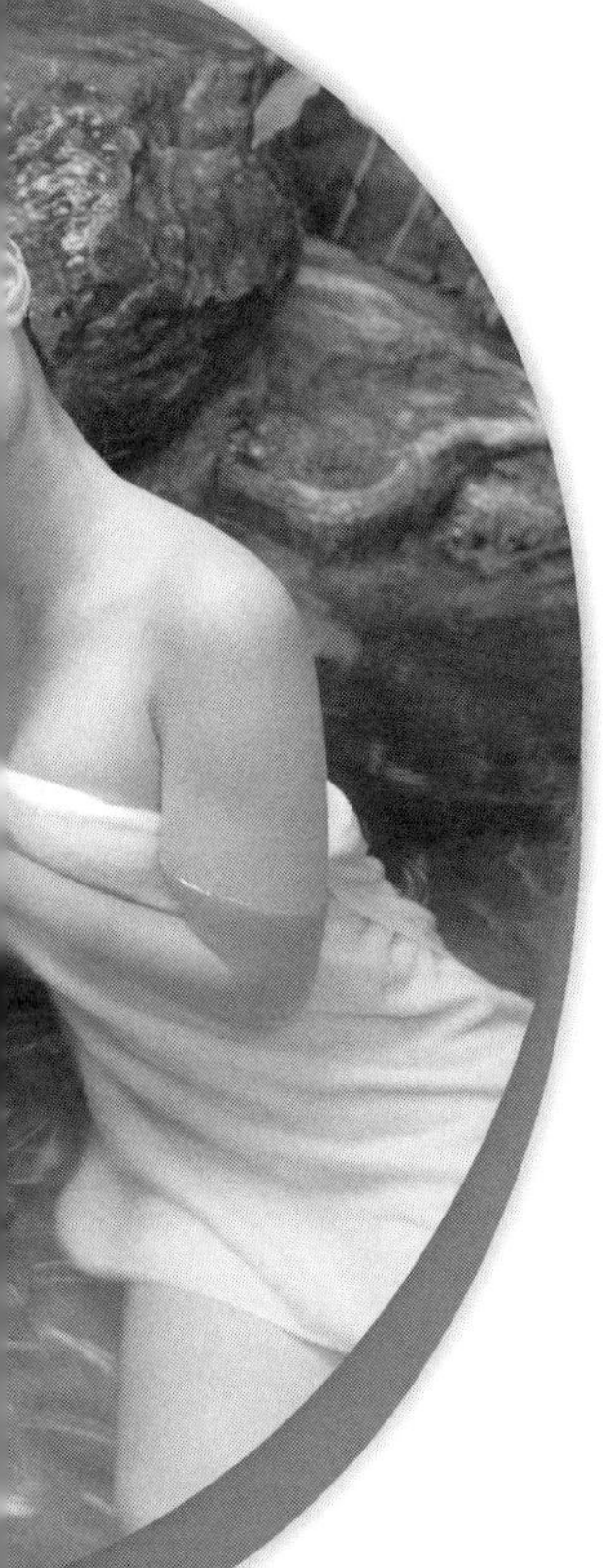

第一章　真冬の快感に蕩けて

■私は増田さんに激しく突き上げられながら、同時に近藤さんの肉棒をしゃぶって……

夫が酔いつぶれている横で夫の部下二人と禁断3P快感

投稿者 白根みく（仮名）／28歳／パート

それは去年の暮れのことでした。

朝、会社に行こうとしていた夫（三十二歳）が、マンションの玄関先で突然こんなことを言いだしました。

「あ、そうだ。今年の課内の忘年会、うちでやることにしたから。今週末の金曜日。まあ、課内っていったって課長の俺も入れて三人だけど……準備、頼むな」

「……え、ちょ、ちょっと、そんないきなり……！」

私は思いもよらない夫の言葉に驚き、異を唱えようとしましたが、夫はさっさとドアを開けて出ていってしまいました。

そう、夫は昔からこういうところがあるんです。

決して悪い人じゃないんだけど、自分で急に思いついたことを、相手の都合もお構いなしに当然のように押しつけてくるっていう……まあ、こうなってしまったからにはおとなしく従うしかありません。その場で断れなかったことを、あとから覆そうとすると、とっても機嫌が悪くなってしまうので。やれやれ……。

そして三日後、金曜日がやってきて、夕方の七時すぎに部下二人を引き連れて夫が帰ってきました。

「ただいま〜。う〜っ、寒い寒い！　みく、準備できてるか？」

「はーい、できてるわよ。お二人ともいらっしゃい」

「奥さん、こんばんは！　今日はお世話になります！」

「はいはい、遠慮しないで上がってくださいね」

私は鍋を中心として揚げ物やお刺身など、五、六品の料理を用意して皆を出迎えましたが、初対面の夫の部下の男性二人を見て、ちょっとドキッとしました。

一人は近藤さん（二十七歳）といい、俳優の松坂〇李を思わせるイケメン。

もう一人の増田さん（三十歳）は、見るからにたくましいガタイを持つ肉体派。

……イケメンにマッチョ……そう、それぞれが夫にはない男性的魅力がまぶしい二人だったんです。

と、一瞬彼らに見とれてしまった私でしたが、いけないいけない、と気を取り直して宴会の準備・給仕作業に取り掛かりました。リビングのテーブルの上に設置したお鍋のコンロに火をつけ、冷蔵庫からよく冷えたビールを出してくると、皆のグラスに注いで回りました。

「あ、ほらほら、奥さんも！」

近藤さんと増田さんにそう言われ、私もビールを注いでもらうと、夫の乾杯の音頭とともに忘年会が始まりました。

私はおもてなしする側なので、あまり酔っぱらわないように精いっぱいセーブしたつもりだったんですが、ノリのいい近藤さん&増田さんと注ぎつ注がれつしているうちに、けっこう酔いがまわり足元がふらつくようになってきてしまいました。

そうやって一時間半ほどが経つ頃になると、夫のほうはいつものごとく、お酒大好きなくせにあまり強くないものだから、完全に酔いつぶれてしまい、カーペットの上に仰向けにひっくり返って大いびきをかき始めました。

一方の近藤さんと増田さんの二人はというと、彼らもかなり飲んでいるはずなのに、いたってケロッと平然とした様子……かと思ったのですが、言動は怪しいこともなくしっかりしているものの、その目だけは異常なほどにギラギラと妖しく輝き、私のことを舐めるようにねめ回していたんです。

それはまさに、野獣の目でした。

私はアルコールのせいでフラフラする意識の中でも、否応なく身の危険……いえ、人妻として貞操の危機を覚えざるをえませんでした。

やばい……この人たち、私のこと狙ってる……！

私は半ばムダだとはわかりつつも、夫を起こそうと寝ているその体に手をかけましたが、即座に二人によって身を引き剝がされてしまいました。

「……あっ、ちょっと……っ！」

私が思わず非難の声をあげると、近藤さんと増田さんは私の体に手をかけ、押しとどめたまま、粘り着くような声で言いました。

「ふふ、せっかく気持ちよさそうに寝てるんですから、課長のことはそっとしておいてあげて、僕らは僕らで、三人でいいことしましょうよ、奥さん」

「それにしても、日頃、課長がしょっちゅう自慢してるだけのことはあって、奥さん、ほんといい女ですねえ。美人でカラダのほうもばっちりで……たまんないなあ」

そして二人して私の体をまさぐり回しながら、次々と衣服を脱がしていきます。

「あ、だ、だめ……やめてください……ねえっ……」

私は必死で彼らの行為をやめさせようともがくのですが、

「そんなこと言って、さっき最初に会ったときから、奥さんが僕らのこと、もの欲しそうな目で見てたこと、こっちは気づいてるんですよ？　なあ？」

「そうそう。だって課長、いつも言ってましたもん、俺最近ED気味で、せっかくのイイ女の嫁のこと、抱いてやれてないんだって……。うふふ、奥さん、ウソはつけませんねえ。欲求不満が溜まってるあまり、イケてる僕らのこと見て、思わず催しちゃったんでしょ？　ねえ？」

「……そ、そんなこと……ないっ……」

私は消え入りそうな声でそう答えながら、実は内心、思っていました。

図星、かもしれない……私、もう何ヶ月も、夫からオンナとして可愛がってもらってない。ほんとはたまらず、三日に一回はオナニーしちゃってる。

「ふふ、ウソウソ。この際、自分に正直になりましょうよ」

とうとう一糸まとわぬ姿に剝かれてしまった私を見やりながら、近藤さんがネクタイを外しつつ言い、すでにさっさと裸になってそのたくましい肉体をさらしている増田さんが、私の胸を揉みしだいてきました。

「……あっ、あ、ああっ……」

その肉厚でごつい手のひらで力強く、でも同時に絶妙のタッチで乳房と乳首を愛撫され、私は気持ちよさのあまり思わず甘ったるい声をあげてしまいました。

「ほらほら、感じるんでしょ？　もっともっと可愛がってほしいんでしょ？」

近藤さんがそう言いながら、キスで私の唇をふさぎ、ニュルリと舌を差し込むと口内を妖しく蹂躙してきました。お互いの唾液が溢れ混ざり合い、だらだらと口からこぼれ、私の喉元から鎖骨のあたりにかけてをヌラヌラと濡らしていきます。一方で増田さんに胸を愛撫され、私は二人によるその淫らなコラボレーションがもたらすめくるめく陶酔に酔っていました。

「んあっ、はぁ、あぁ……んぐぅ……っ！」

「んはっ！　ふぅ……増田さん、今度は僕がオッパイ責めるから、この淫乱な奥さんのアソコをいっぱい舐めてあげてよ。きっともうグチャグチャのドロドロだよ？」

「ああ、まかせとけ」

返事する増田さんの声が聞こえるや否や、アソコに甘くて強烈な刺激が襲いかかってきました。近藤さんが言ったとおり、とっくに濃厚な熟臭を放ちながら蕩けきった私の肉ビラがめくり上げられ、それを搔き分けるようにして大ぶりな軟体動物が……増田さんの舌がドリルのように肉ひだをえぐり、搔き回してきて……！

「あひっ、ひっ……ひぃぃ……んあぁぁっ！」

「おおっ、一段といい声で啼きますねえっ！　感じるんですね？　よーし、それじゃあ、同時にこっちもこうやって……」

私の嬌声を愉しむかのように、近藤さんが胸をねぶり回してきました。ベロンベロン、チュウチュウ、チュバチュバと乳房を食み、乳首を吸いたてもてあそんできて。それが、増田さんが注ぎ込んでくる下半身からの快感に呼吸とリズムを合わせるかのように呼応し、二つ合わさったエクスタシーはそれはもう今まで味わったことのない、気の狂いそうなぐらいの気持ちよさでした。

「ああっ、あっ、ああ……んぐっ、んあ、はあぁ……あ～～～ん！」

一向に目を覚ます気配のない夫を尻目に、私は喉も張り裂けんばかりの喜悦の絶叫をあげ、全身をエビ反らせながらのたうちました。

「ううっ、近藤、俺もうガマンできないよ……先に入れちゃっていいか？」

「ええっ、増田さんが先に入れるの？　そんな巨根入れちゃったら、あとから入れた僕のチ○ポのインパクトが弱くなっちゃうじゃないですか～。まあしょうがない、先輩の顔を立ててあげますよ。お先にどうぞ」

「すまんな！　じゃあおまえは奥さんの口に突っ込んでいいからな」

「言われなくたってしゃぶってもらいますよ。僕だってたまんないんだ」

私のカラダ越しに二人のコンセンサスがとれたようで、次の瞬間、固くて巨大な、恐ろしいほどの存在感が私のアソコを貫き、ものすごい強度と速度でピストンを穿ち……そして同時に、唇を割ってもうひとつの淫靡な存在感が私の口内に侵入してきました。私は増田さんに激しく突き上げられながら、同時に近藤さんの肉棒をしゃぶるしかありませんでした。

それはまるで、一本の巨大な肉棒で全身を串刺しにされたような……そんな淫夢じみた感覚に包まれながら、私は何度も何度も絶頂を味わったのでした。

ふと気がつくと、いつの間にか持ち場を交換して、近藤さんも私のアソコを肉棒で味わい尽くしたようで、満足げな顔で足を組んで煙草をくゆらしていました。

「奥さん、最高によかったですよ。ねえ、もしよかったら、三人でＬＩＮＥ交換して、これからたまに会って楽しみませんか？」

「おう、そりゃいいな。そうしましょうよ、奥さん」

近藤さんの提案に、私は二つ返事でＯＫし、増田さんも即決でした。

知らぬは夫ばかりなり……こうして今でも、私たち三人のヒミツの関係は続いているのです。

■奥深くまで挿入された義兄のソレは、ロングレンジの激しいピストンを繰り返し……

正月帰省で義兄とまぐわった禁断のカイカン体験

投稿者 森村彩香（仮名）／32歳／専業主婦

今年のお正月に夫の実家に帰省したときのこと。

といっても、夫の両親はすでにもう亡く、二人兄弟の長男である夫のお兄さんが家を継ぎ、奥さんと二人の子供の四人家族で暮らしていて、よく聞く、よそのお嫁さんの帰省の苦労話に比べれば、それほど気を遣うこともなく、いたって気楽なものではありました。

なにしろ、今年で結婚五年目だというのに私と夫の間には子供がなく、もし義父母が健在だったら、そのことを取り沙汰されないわけがないでしょうから。

「彩香さんのところも、そろそろ子供ができればいいのにね。寂しいでしょう?」

と、兄嫁の涼子さんもそうやって少しはそのことにふれますが、同じ嫁という立場同士、あまりうるさくは言いません。

去年に続いて、あくまで和気あいあいと、両家族で美味しいものを飲み食いし、のんびりとテレビを観ながら過ごす、楽しいお正月というかんじでした。

そんな中、元旦・二日とお天気が悪くて外に出られず、三日になって、車で三十分ほど行ったところにある神社へ初詣に行こうという話になりました。ただし、お義兄さんが体調が悪いから家にいると言い、かといってお義姉さんは「お出かけ、お出かけ♪」と言ってはしゃいでいる小さい子供二人の世話もあるので行かないわけにはいかないからと、弟嫁の私が家に残ることになったんです。お義兄さん、けっこう具合が悪そうで、誰かが一緒についててあげないとまずいかなって思って。もちろん、運転手は夫が務めることになります。

「じゃあね、いってらっしゃ〜い」

夫と兄嫁、そしてその子供二人が乗った車を見送った私は玄関先から屋内に戻り、和室に布団を敷いて横になっている義兄に声をかけました。

「お義兄さん、大丈夫ですか？　何か温かいものでもお持ちしましょうか？」

「ああ、そうだな……じゃあ牛乳でもあったためてもらおうかな」

そう答えた義兄に、私はホットミルクを用意して寝床まで持っていってあげました。

「熱いですからゆっくりと」

「ありがとう、彩香さん」義兄は布団から上半身を起こしてマグカップを受け取ると、口をつけてチロチロと舐め始めました。

私は布団の脇に膝をついてその様子を見守っていましたが、義兄の挙動がちょっと変なのを感じました。熱い牛乳を冷ましながら少しずつ舐めつつ、私のほうをせわしなく横目でチラチラと見ていたんです。しかも、その目線は私の顔ではなく、胸や下半身に集中しているようで……。

私はそれをちょっと気味悪く思いながらも、あからさまに席を立つのも悪いかなと、しばし動くに動けなかったのですが、思いきって場を離れるべく立ち上がろうとしました……が、そのときでした。

義兄がいきなり私の手を摑み、立たせまいとしてきたんです。

「……⁉　お、お義兄さん、なんですか？」

「彩香さん……行かないでくれ！」

なじるように驚く私におかまいなく、義兄はそう叫ぶと、そのまま私の手を強く引っ張り、自分の布団の中に引きずり込もうとしました。とてもじゃないけど具合の悪い人間の力じゃありませんでした。

「や、やめてくださいっ……！」と言い、必死で抵抗するものの、病人でもなければ三十八歳の大柄で頑健な成人男性に敵うわけもなく、私はあえなく身を引き崩され、上から義兄に覆いかぶさられてしまいました。

「ああっ、ダ、ダメです、お義兄さん……こんなこと……ひあっ！」

私は必死でもがいて義兄の体を押しのけようとするものの、その重い体の圧力から逃れられず、好き放題カラダをまさぐられるばかり。

ピンクのカーディガンを脱がされ、ボタンも引きちぎれんばかりの勢いでネルシャツの前をはだけられ、とうとう薄紫色のブラジャーに手がかかって……力任せにそれが剝ぎ取られ、ぷるんと胸が露出されてしまいました。

「……ああっ、い、いやっ……やめてぇっ……！」

「あ、彩香さん、す、好きだ……好きなんだっ……！」

義兄は唸るように言うと、私の乳房を摑み揉みしだきながら、その唇で乳首にしゃぶりついてきました。そして、恐ろしいほどの勢いで、チュウチュウ、ジュパジュパと舐め吸いたてられて……。

「……ひあっ、ああっ……んくぅ……あひっ……！」

必死でもがきすぎたあまり私の体力は消耗しつくし、もうさっぱり体に力が入りません。脱力した体に義兄の淫らな行為を浴び続けるばかりで……すると、最初はイヤなばかりだったその嫌悪感が、徐々に別のものに姿を変えていきました。

それは、まぎれもない、カイカン。

舐められ、吸われた乳首はビンビンに硬く勃起し、揉みまくられた乳房は柔らかくほぐれ、ほの赤く染まり……肉体の反応が変わると同時に、私の内部でも、もっともっとと、さらなる刺激を求める嬌声が響き渡っていました。

「あふぅ……ああん、あっ……お、お義兄さん……か、かんじ……る……」

いつの間にか義兄の手は私のジーンズの前を割ってパンティの内側にこじ入れられていて、私の股間をまさぐり、うごめく指が肉園を蹂躙して……クリトリスをこね回され、ヴァギナを掻き回された私は、もはやただただ、恥ずかしい淫靡な蜜をまき散らすしかありませんでした。

「ああっ、彩香さん……初めにあいつにアンタを紹介されたときから、ずっと好きだったんだよ～！　くそっ、俺だったら、すぐにアンタのこと孕ませてやれるのにっ……俺の子種、仕込んでやれるのにっ！」

とんでもないことを口走る義兄。

さっきまで穿いていたジャージを脱ぎ、下着も取ってしまったその股間を見ると、恐ろしいまでの大きさに勃起したペニスが屹立し、その先端からジンワリと透明な液体が滲み、したたり落ちていました。

「さあ、彩香さん、しゃぶってごらん。弟のと、どっちが美味しいかな……？」

私はもはやなんのためらいもなく、言われたとおり義兄のモノを咥え、舐めていました。そうして改めて実感する夫のモノとの差……その太さも、長さも、そして固さも、比べものにならないくらい立派でした。

「ああ、これが……このオチン○ンが欲しいです……う、ううっ……」

私は喉も裂けよとばかりに奥のほうまでそれを呑み込み、無我夢中でバキュームフエラに励みながら、力強く脈打つ迫力をたっぷりと味わいました。

「よし、いよいよ本番だ。俺のモノの本当のよさは、下の口で味わわないとわからないからな……さあ、入れるよ、彩香さん」

「んああっ……お義兄さんっ……！」

ジーンズもパンティも脱がされあらわとなった私の秘密の肉園を、いよいよ義兄のモノが荒らし始めました。ズッポリと奥深くまで挿入されたソレは、ロングレンジの激しいピストンを繰り返しながら、ズンズンと突き入ってきて……！

「……っあっ、はあっ……あん、あ、あひっ……！」

「ううむ、彩香さんの中、たまらなくいいよぉ……すごい締め付けだ！　やっぱ子供二人産んだうちの嫁とは大違いだっ！」

「ああ、あ、んくぅ……お、お義兄さん……あ、あたしもう……イ、イク……」

「ああ、俺ももう出そうだ……さあ、俺の濃くて熱いの、たっぷり彩香さんの中に注ぎ込んでやるからなっ！」

「ああ、あ……お義兄さん、き、きてぇっ！」

「んぐぅ……お、で、出るぅっ……！」

次の瞬間、私の中で熱いほとばしりが弾け、ズルリと義兄がモノを抜くと、内腿をドロドロと大量の白濁液が流れ落ちました。

正直、夫とのセックスでは味わったことのない、最高の満足感に満ちた体験でした。

それからほどなくして皆が帰ってきましたが、私は自分でも驚くほど平然として自然に出迎えることができたんです。

ただ、心の中にあるのは、

「次はいつ、お義兄さんとセックスできるんだろう？」

そのことだけでした。

■しゃぶり、喘いで、興奮と快感の無限ループのように、私の淫行は止まらない……

興奮のNTRプレイで夫婦の危機を回避した淫らな聖夜

投稿者　牧村千夏（仮名）／24歳／OL

その日はクリスマスイブで、普通なら恋人同士や家族、そして夫婦の間で一年を通じて最高にロマンチック、かつ楽しく過ごすところなんだろうけど、まだ俊と結婚して一年足らずの新婚だっていうのに、私はなんだか気が重かった。

理由は二人の間のセックスレス状態。

俊ったら、前はあんなに情熱的に激しく、私のことを愛してくれたっていうのに、この三ヶ月というもの、全然私を抱こうとはしてくれないの。

その原因は彼の仕事にあるみたいだった。

前任者が辞めて、その人の担当だった大口の取引先を引き継ぐことになったって、そのときはすごく張り切ってたんだけど、どうやらその後先方との商談でトラブっちゃったらしく、日々その調整と関係改善のために神経を擦り減らしてるってかんじみたい。そんなふうになってから、一応エッチしてくれようとはするものの、思うようにアレがいうことをきかなくて……ＥＤ（勃起不全）ってやつね。そうなってから、最初の頃はなんとか挿入なしで私のことを悦ばせようとしてくれてたんだけど、そのうちそんな気力もなくなってきちゃったみたいで……今やそんなふうな素振りすら見せない、完全なセックスレス関係に陥ったというわけ。

だから、あ～あ、せっかくのクリスマスイブでも、ロマンチック＆セクシーな盛り上がりなんて期待できないだろうなーって……。

でもその日、残業もなく定時に帰ってくるっていうから、まあ仕方なく世間並のクリスマス準備はしなくちゃなと、私は勤めから帰ってくるなり、料理とかケーキを用意してそれなりの体裁を整えて彼の帰りを待ったわけ。

そして夜の七時半すぎ、俊が帰宅したんだけど、それが一人じゃないの。私にとっては初対面の、彼と同じ歳だという田口さんという人が一緒だったのね。そんなの聞いてないって、私が不機嫌気味に驚いていると、俊はこんなことを……。

「実は田口に、俺たち夫婦の悩みについて相談してみたら、それならいわゆる『ＮＴＲ（ネトラレ）』プレイを試してみるべきですよ、って言われて……」

そこへ、その田口さんが言葉を挟んできて。

「そうそう。ご主人、まだ若いんだし、ＥＤも完全に精神的なものに違いないんだから、ここは安易に薬とか使わないで、同じ精神的対処法で解決を図ってみるべきですよ。要は、第三者が奥さんを抱く様を見せつけられることで、強烈な刺激を脳に送ってやって、それによってもたらされるかつてない嫉妬心や興奮で、ご主人の勃起を促すっていう……いわばショック療法ですね」

「そう、そのための第三者に、田口になってもらおうと思うんだ」

一聴しても何を言っているのかよく理解できなかったけど、さらに具体的に二人から説明されて、やっと……で、マ、マジですか⁉　と。

さすがに見ず知らずの人とエッチするなんてムリ、と拒否ろうとした私だったけど、俊に涙ながらに訴えられて……。

「頼むよ、千夏……このままだと俺たち、だめになっちゃう。千夏のこと、本気で愛してるから、こんなセックスレスが原因とかで別れるようなことになりたくないんだ！　でも、仕事のほうがすっきり解決するにはまだ時間がかかりそうだし……一度この方法を試してみたいんだ……頼む、田口に抱かれてくれ！」

ここまで言われたら、もう承知するしかないよね？

私は、夫婦の寝室に田口さんを導き、夫婦のベッドに横たわって彼を手招いた。夫の俊は、部屋の隅で椅子に座ってそれを見守ってる。

「じゃあ奥さん、よろしくお願いします」

「……は、はい、こちらこそ……」

なんともたどたどしいやりとりでそれは始まり、田口さんは私の服を脱がし始め、全裸になった私はさすがに恥ずかしくて、胸を両手で覆い、脚をきつく閉じ合わせて股間を隠した。その間に田口さんもスーツを脱ぎ、私と同じく全裸になって……正直、それを見て、私のカラダの奥深いところがズキッと熱く疼いた。

俊は元々細身のところに、最近さらにストレスでやつれちゃって、見るからに弱々しい体形だったけど、それに対して田口さんはジム通いでもしてるんだろうか？　しっかりと筋肉がつき引き締まった体で、その全身から醸し出されるオスのフェロモンがパワフルな熱量をともなって私に突き刺さってくる。

でも、なんといっても圧巻はその男根だった。

まだ指一本触れていないというのに、私の裸を目にしているだけで、見る見る立ち上がり、あっという間に固く大きく勃起して、これ見よがしにお腹に付かんばかりに急角度に屹立して！

私は自分でもびっくりするような行動に出ていた。

自らそれにすがりつき、むさぼるようにフェラチオしちゃってたのだ。

脇で見ている俊の視線が鋭く突き刺さってくるのを痛いほどに感じながら、私はどうにも自分を止められなかった。

大きく張り詰めた亀頭をねぶり回し、太い血管の浮き出た竿を上下に何度も何度も舐め上げ、舐め下ろし、たっぷりとした睾丸を口内で含み転がして……まるで田口さんの性器すべてを味わわんとする、飢えた牝獣だった。

「あ、ああ……奥さん、すごいよ……最高だ……はぁはぁ……ねえ、僕にも奥さんのかわいいオマ◯コ、味わわせてくださいよお」

そう言うと田口さんはシックスナインの体勢になって、私に負けじとオマ◯コをむさぼり始めた。クリ豆を吸いたて、肉割れの中に差し込んだ舌をグリングリンと動かして蜜壺を掻き回して……あっという間に大量の愛液を溢れさせた私のソコは、ジュルジュル、ヌチャヌチャとあられもない淫音を発しながら、ドロドロに蕩け乱れていっちゃう……。

「んあっ、はぁ、ああっ……ンジュブ、ジュブ、グブ……ひあっ、はあ、あん……ウブッ、ハグッ、ンブブ……あ、あああん！」

しゃぶって、喘いで、またしゃぶり、さらに喘いで……まるで興奮と快感の無限ループのように、私の淫行は止まらない。

そんな、口を自分の唾液と田口さんの先走り汁で、アソコを愛液でダラダラに濡らして我を忘れてた私だったけど、ふと夫のことが気になって、俊のほうを見やった。

するとそこには、驚きの感動的光景が……！

「ああ、千夏……千夏ぅ……！」

俊はせつなげな声をあげながら、なんと自らの完全に勃起した男根をしごいていたの！　こんな姿、一体どれくらいぶりに見たかしら……!?

「奥さん、やりましたね！　成功ですよ！　見てください、あの見事な立ちっぷり！　さあ、ご主人にここに来てもらいましょう。三人で快感と喜びを分かち合いましょう」

田口さんも興奮した口ぶりで言い、夫を呼び寄せるように手招きした。

俊はらんらんと目を輝かせながら急いで服を脱ぐと、息せき切ってベッドに飛び込んできて、私の体に手をかけてまさぐってきた。

「さあ、奥さん、ご主人を受け入れてあげてください！　ほらっ！」

田口さんはそう言うと、四つん這いになった私のお尻のほうを俊に向けて差し出し、自分は下のほうに潜り込んで私の胸を口と指で愛撫し始めた。

「ち、千夏〜〜〜〜っ！」

背後から夫の勃起した男根が貫いてきて、私は久しぶりに味わうその勝手知ったる肉感の迫力に、思わず震え、嬌声を上げていた。

「あ、ああっ、ああ！　あなた、あなた……いい、いいわ〜〜〜〜〜っ！」

溜まりに溜まったものが弾けまくるように、俊の豪快なピストンは止まらず、私の全身を壊れんばかりに揺さぶり犯して……あっという間に二人にクライマックスが迫ってきた。

「あっ、あっ、あ……あなた、イク、イクの〜〜〜〜〜！」

「千夏、千夏……ああ、好きだ、愛してるよ〜〜〜〜っ！」

次の瞬間、私は夫の爆発するような射精を受け止め、全身を痙攣せんばかりに震わせ、待望の絶頂を味わい、イキ果ててた。

田口さんの協力のおかげで、なんとか夫婦間の危機を回避できたというわけだ。

もちろんそのあと、あらためて田口さんの男根を咥え、感謝の気持ちを込めてフェラチオでフィニッシュさせ、一滴残らず飲み干してあげたわ。

たぶん一生忘れられない、クリスマスイブの思い出になると思う。

■彼はその熱く膨張した肉塊の先端で強引に秘肉をこじ開けようとしてきて……

職員室で同僚教師から凌辱された禁断エクスタシー

投稿者 白石凛香（仮名）／35歳／教師

中学で英語を教えている教師です。夫も別の中学で数学を教えています。

結婚して六年、まだ子供ができないのが悩みですが、昨今、夫婦二人だけでの人生を楽しもうという人も増えていることだし、まああまり深刻に考えないようにしようと、夫とも話しています。

というようなことを、普段から同僚の女教師などにも話していたのが、ちょっと歪んだ形で洩れ伝わってしまったのでしょう。

今年の一月、こんなことがありました。

そう、中学生にとって一月といえば、目前に迫った高校受験を控えて、いよいよ試験勉強も大詰めの時期。お正月休みも手短に、うちの中学でも冬休み中から冬季特別補習が始まりました。私は同じ英語教諭の同僚である佐藤（三十二歳）と連携して、一月の四日から学校に出て、補習授業を受け持つことになりました。

それはその初日に、一通りの授業が終わり、生徒たちが下校していったあとのこと。他の科目は担当教師たちの都合で翌五日からの開始ということで、学校内には他にごくわずか、用務職員がいるだけでほとんど人はいませんでした。

生徒たちを見送った私が職員室に戻ってくると、佐藤が笑顔で出迎えてくれました。

「白石先生、お疲れさまです。どうでした、今日の授業は？」

「ええ、まだ皆、若干正月ボケしてるみたいね。今いち集中力に欠けるっていうか……明日からビシビシ本腰入れて鍛えてあげないとね」

「ははは、鬼の凛香先生覚醒ですね？　こわいなあ～」

佐藤はそんなふうに茶化しながら、カップに熱い紅茶を注ぐと私に渡してきました。

「どうぞ。一杯飲んで、ひと息入れてくださいよ」

「うん、ありがとう。佐藤くんのいれてくれる紅茶、美味しいもんね」

私はありがたく、カップに口をつけるとミルクティーを飲み始めました。芳醇な紅茶の香りとミルクのコクが絶妙に調和し、ほのかな砂糖の甘みも嬉しい絶品のおいしさ……さすが紅茶マニアとして有名な彼だけあります。

でも私は、その味わいの中にちょっとした違和感を感じていました。

あれ、なんだかいつもよりちょっと苦いような……？

彼は学校でいれる紅茶の種類はひとつに決めてるって言ってたから、味が違うはずないんだけど。さすがの紅茶名人の彼でも、今日は茶葉の量とか間違っちゃったのかな？　彼も正月ボケかもね。

そんなふうに自分で納得しながら飲んでいたのですが、そのうちだんだんと自分の体を侵していく異常に気づかざるを得ませんでした。

なんだか全身がだる重く感じられ、頭もボーッとして言葉もうまく出ず……手足も痺れたようになってしまい、私は慌ててどうにか、まだ紅茶の残ったカップを取り落とすことなくデスクの上に置くことができました。でも、全身の不自由感は強まるばかりで、自力で席を立つことすらできなくなってしまっていました。

「……あ、あれ？　なんだかカラダが……う、うごか……な……？」

まともにしゃべることもできない私に、佐藤が満面の、でもいびつな笑みを向けながら語りかけてきました。

「うふふ、僕が紅茶に仕込んだ薬が効いてきたみたいですね。さすが薬学部卒の優秀なダチに都合してもらっただけあって、効果てきめんだなあ」

その言葉で、どうやらよからぬ薬を一服盛られたことだけはわかったものの、その目的は不明のまま朦朧とする私に対し、彼はなんと服に手をかけて脱がし始めました。

「……ちょ、ちょっ……と、佐藤く、ん……あなた、な、何を……っ⁉」

かろうじてそう言葉を絞り出した私に対し、彼は、

「うふふ、聞きましたよ、白石先生。自分が子供のできない体だってことがわかって、この先、夫婦二人だけで仲良く暮らしていこうと決めたって」

え、何言ってるの、この人？

「お気の毒です。でも僕、それを聞いてもう嬉しくって、居ても立ってもいられなくなっちゃって……もうずっと、先生とヤルのが夢だったんです。ほんと、先生の顔も、カラダも全部ドンピシャ好みで……」

そ、そうだったの……？

「だけど、僕も結婚してる身だし、おいそれとは手を出すこともできなかった」

え、それでまさか、妊娠しないんなら大丈夫だろうって……⁉

「あ、その顔、どうやら僕の言いたいこと、察してくれたみたいですね？　そう、じゃあナマでヤッてもいいんだって思ったら、もう辛抱たまんなくなっちゃって」

彼はそう言いながらとうとう私の服を脱がし、下着も取り去って全裸にして……私はきれいに物をのけられたデスクの上に仰向けに横たえられてしまいました。

「……や、やめ……て、こん……なこと、と……お、おねがい……」

「そんなこと言わないで。僕、こう見えてもアッチのほう、けっこう凄いんですよ？絶対、先生のこと満足させてあげますから、ね？」

もう佐藤の中から、理性やモラルといったものは消し飛んでしまっているようでした。たぎり立つ欲望でらんらんとその目を輝かせながら自分も全裸になると、すっかりいきり立たせた凶暴な肉塊を振り立てて私の上に覆いかぶさり、その熱く膨張した先端で強引に秘肉をこじ開けようとしてきたのです。

当然、私のほうはまだ濡れておらず、彼の固い挿入は激痛をもたらすばかりでしたが、「……ひっ、ひ……んぐ、ん、んぐぅ……」と、その悲鳴すらまともに発することができませんでした。でも、彼はそんなことお構いなしです。

「おやぁ？　うまく入んないなあ。まあ、ガンガン突き続ければ、そのうちスムーズになりますって。ね、先生？」

そう言って、乳房を鷲摑み揉みしだき、ベロベロと舐め回しながら、一段と強く肉塊のピストン運動を繰り出してきました。当然、一旦はさらなる激痛を生んだその行為でしたが、佐藤が構わず突き貫き続けているうちに、私の感覚にも変化が生じてきました。熱く硬いひと突き、ひと突きが苦痛から麻痺へ、そしていつしか甘やかな心地よさに……やがてそれは爆裂するような快感へと変じていきました。

「……んあっ、はっ、あはっ、くふっ、んうぅ、くはっ、ああ……」

皮肉なことに、短い快感の喘ぎだけは、不自由なく、リズミカルにテンポよく喉から弾け出てきてしまう有様です。

「はぁっ、はぁ……ああ、いいよ、先生、いい感じになってきた……先生の生マ〇コ、マジ気持ちいい！　んあっ……あ、で、出ちゃいそうだぁ……！」

あ、ダメ、ダメよ、ダメだったら……！

「ああ、んくぅ……せ、先生っ……んぐぅぅぅっ……！」

私は、佐藤の強烈な射精の奔流を胎内で受け止めながら、心ならずも、昨今の落ち着いた夫との性生活では感じたことのない、激しいオーガズムを味わっていました。

「ああ、とってもよかったですよ、白石先生。念のため、先生のこのあられもない姿をスマホで撮らせてもらいますから、このこと誰にも言わないでくださいね」

佐藤はいかにも満足そうな笑みを浮かべながら、スマホを操作しました。

彼は私が妊娠しない体だと思い込んでいるみたいだけど……私は本当にそうであってほしいと願い、今、気が気ではない日々を送っているのです。

■Yシャツの下の素肌の上を滑り進んだ彼女の指は、直に僕の乳首に触れてきて……

満員電車の中、魅惑の痴女の手練手管の虜になった僕

投稿者 草薙亮平（仮名）／28歳／会社員

それは、もうすぐ一月も終わろうかという、今にも雪が降り出しそうな寒い曇天の日の朝。僕はいつものように満員の通勤電車に揺られていた。

駅に着くたびに、降りる人間はほとんどいないくせに、どんどん新しい乗客が乗り込んできて、ほんと辟易するけど、ようやく急行区間となってここから四駅分、約十五分はノンストップということで乗り降りの混乱から解放され、ほんのちょっとの間だけ一息つける。

僕はコードレス・イヤホンでスマホの音楽を聴きながら目を閉じて、立錐の余地もない乗客の人込みの揺れに身を任せていた。聴いているのはお気に入りの洋楽ロック・セレクション。

と、ちょうどヴァン・ヘイレンの『パナマ』が鳴り出したときのことだった。

股間の辺りで何かがモゾモゾと動くのを感じた。

「ん？」と思って目を開けてみると、ちょうど僕の前にいるのはウールのロングコートを着た女性で、背は僕の胸の辺りまでしかないため真正面から顔は見えないが、上から見下ろした感じでは、歳も若そうだしまあまあの美人のようだった。で、なんとそんなイイ感じの女性が、スーツのズボンの上から僕の股間を撫で回していたもんだから驚いた。

（え、まさか痴女？）

これまでにも何度か満員電車の中で触られたことがあるが、たいてい、いかにもな感じのオバサンとか、脂ぎったホモオヤジといった類の連中ばっかりで、こんなイケてる相手は初めてだった。

でも、とは言え、「ウエルカム！」というわけにもいかない。なんといっても衆人環視のなか恥ずかしいし、ここはいっぱしの分別のある常識人として、やんわりと拒絶してお引き取り願おうと思った。

ところが彼女、痴女行為を制しようとする僕の手を払いのけるや、今度はズボンのチャックに手をかけ、チチーッと引き下ろしてしまった。

（え、え……ちょ、ちょっと待っ……！）

慌てふためくこちらになんぞおかまいなく、彼女はパックリと開いた僕の社会の窓の中に手を潜り込ませるや、下着のボクサーショーツの前割れ部分をこじ開けて、直に性器に触れてきてしまった。そしてまだ柔らかいそれをクニュクニュ、ムニュムニュと揉み、こね回してきて……！

（あ、やばいやばい……そんな……たっ、立っちゃうって……ああ……）

満員電車のギュウ詰め状態の中にもかかわらず、彼女の指の動きは絶妙かつ的確で、僕の性器はその心地よい刺激に翻弄されるままに見る見るみなぎってしまう。

僕はもう、その恥ずかしさと快感のるつぼの中で言葉を出すこともできず、下を向いて淫らなオイタに興じている彼女の頭頂部を見下ろすことしかできない。

そしてスマホの曲が『ジャンプ』からブルース・スプリングスティーンの『ザ・リバー』に変わったそのとき、彼女が顔を上に向け、上目遣いに僕の目を見てニコッと笑った。『ザ・リバー』の暗く哀愁溢れる曲調に似合わぬその明るい魅惑の笑顔に面食らっていると、さらに彼女は僕の性器をいじっているのとは逆のほうの手で、自分のブラウスのボタンをプチプチと外しだし（すでにコートの前ははだけられている）、開いた胸元を見せてきた。

するとなんと彼女はノーブラで、そこにはたわわなナマ乳が、電車の揺れに応じてゆっさゆっさと振れ動いているではないか！

一気に僕の性器に血流が充満し、これ以上ないほどフル勃起してしまった。

小悪魔のように意地悪な笑みを浮かべながら、それをしごく彼女。

（う～っ、こ、これは……まじヤバイぞ！　耐えられるか、オレの息子よ！）

彼女の柔らかで巧みな指のうごめきにしてやられ、ますます昂っていく僕のソコだったが、日ごろオナニーで鍛えていて持続力には自信がある……次の駅に止まるまでのあと約十分弱、耐えられるはずだ。こんなとこで射精してたまるか！

しかし、その次に彼女がとってきた行動に、僕は度肝を抜かざるを得なかった。

なんと彼女は僕のコートの前ボタンを外すと、その下のスーツの上着のボタンも外し、Yシャツに手をかけてきて……僕はヘンにカッコつけのところがあって、アンダーシャツの線が下から透けて見えるのがいやで素肌にYシャツを着ているもので……前ボタンが外されたその下の素肌の上を滑り進んだ彼女の指は、直に僕の乳首に触れてきたのだ。

（……ああっ、マ、マズイ……オ、オレ、乳首弱いんだよ～……）

という僕の心の呻きを聞くまでもなく、指がひと触れしただけでツンと勃起してしまった乳首の反応を見て、すべてを見通したかのように、彼女はがぜん猛攻撃を仕掛けてきた。

僕の右の乳首を指先でコリコリ、クニュクニュとこね回しつつ、左の乳首を唇で含んでチュウチュウ吸いながら、舌でベロベロ、クチュクチュと弄んで……さらにそれらと併せて性器へのしごきに勢いをつけてきて……！

そして曲は『ザ・リバー』から、同じくスプリングスティーンの『ボーン・イン・ザ・USA』へ。ゆったりとしつつも気力を鼓舞するように高まる曲調が、なんだかまさに今、僕が置かれている状況に符合しているようだ。

僕の胸で押しひしがれ、悩ましく歪みたわむ彼女の乳房。

時に強く、時にやさしく指先で摘まみ弾かれる右の乳首。

舌と唇、そして時折歯まで使ってベチョベチョの唾液まみれでいじられる左の乳首。

そして、今や先走り汁にまみれてしごかれまくる性器。

視覚と触覚、そして抑えようもなく体内で高まってくる淫覚、そんなすべてがないまぜになり、雪崩をうって僕に襲いかかってくる。

（く、うう……だ、だめだっ……もう耐えられないっ……ううう！）

そのとき、少し背伸びした彼女が僕の耳元で、甘い吐息を吹きかけながら囁いた。

「いいよ。私の手の中に出しても」

その瞬間、完全に僕のギリギリの自制心と肉体的限界は木っ端みじんに吹き飛んだ。

「……んっ、ぐぅ……ふっ！」

僕は必死で声を抑えつつも、性器が爆発し、ほとばしり噴き出す精液を押しとどめることはできなかった。ドクドクと溢れ出るそれを、彼女は手早く出したハンドタオルで巧みに受け止め、くしゃくしゃっと丸めるとサッとコートのポケットの中に突っ込んだ。そして何食わぬ顔でブラウスのボタンをはめて身づくろいして。

僕もハッと我に返ると、そそくさとYシャツのボタンを留めて一息つく。

電車はまさに駅に止まろうとしていた。

彼女はもう一度、僕の耳元に口を近づけると、

「ふふ、いっぱい出たね。楽しかったわ。ありがとう」

と言い、一段と魅力的な笑みを浮かべて電車を降りていった。

それ以来、僕は再び彼女に出くわせないものかと、毎日の満員電車の人込みの中にその姿を探してしまうのだ。

■私は男のナマの放出を生身で受け止める悦びを味わいたくて仕方なくて……

息子のしでかした不祥事を担任教師に肉体代償した私

投稿者 草間りか（仮名）／28歳／生保レディ

小学三年生の息子のことで、折り入って話したいことがあるので自宅に訪問させてほしいと、担任のT先生（三十六歳）から連絡があったとき、私はちょっと驚きました。息子の何が問題なのかもそうですが、今どきリモートじゃなくて直接家庭訪問しての面談なんて、珍しいと思ったからです。でも逆に、そのくらい重要なことなんだなと思うと、もちろん断るという選択肢はありませんでした。

実は私も内心、息子のことはちょっと心配はしていたのです。

私は二十歳のときにできちゃった結婚したはいいものの、その後離婚。今は生保レディとして働きながら、女手ひとつで息子を育てているのですが、やはりひとり親だと何かと目の届かないところもあるのじゃないかと気にかかってて……。

連絡があった翌々日、二月初旬にしては寒さもそれほどではない金曜日の夕方、T先生はアポどおり、古くて狭い2K賃貸マンションのわが家にやってきました。ちょうど息子は塾に行っている時間帯なので、あと二時間は帰ってきません。

歳のわりにはかなり太っているT先生は、それなりに暖房の効いた部屋の中、ハンカチで顔の汗を拭いながら、息子の話を始めたのですが、その内容は思わず耳を疑うような衝撃的なものでした。

なんと息子が、クラスの女の子に性的ないたずらをしたというのです。

どうやらもともと、女の子のほうが息子のことを好きだったということで、向こうから積極的にアプローチされていたらしいのですが、それに応じて息子がキスを迫り、さらにあろうことか、女の子に胸を触らせろと要求し、実際にそれを実行したという……にわかには信じられない話でした。

「いや、女の子からそれを聞いたときには、ほんと驚きました。どうしよう、先生？って泣いて聞かれて、とりあえずはなだめすかして、その話は他の誰にもしないように……まだきみのお父さんやお母さんにも言っちゃダメだよって言ったんです。まずは草間さんに事実を報告して、善後策を考えたほうがいいだろうと思って」

「……お気遣いいただき、ありがとうございます……」

私は動揺しつつも、T先生に感謝するしかありませんでした。こんなことがいきなり表沙汰になったら、私も息子ももうここにはいられなくなってしまうかもしれません。事前に考える時間があるのとないのとでは大違いです。

でも、同時に素朴な疑問を感じました。

T先生はなぜ、いわば加害者側である私に、まず気を遣ってくれたのだろうと。筋としては先に被害者側のことが考慮されるだろうに、と。

そのことを直接聞いてみた瞬間、先生の目の色が変わったように思いました。

ギラリとケダモノじみた輝きを帯びたような……。

そして言いました。

「そんなの決まってるじゃないですか。草間さん、あなたのことが好きだからですよ。春のクラス替えのあと、初めての保護者会であなたを一目見たときから、ずっとね」

その予想外すぎる言葉に、私は思わず黙り込んでしまいました。先生はかまわず話し続け、さらにとんでもないことを言いだしました。

「でも、こんな冴えないデブ男の自分なんて、あなたみたいにきれいなヒトにとって眼中にもないだろうってあきらめてました。ところが、そこに息子さんのこの事件です。大チャンスだと思いました。このことを揉み消してあげることを条件に、あなたのことを好きにできるんじゃないかって」

そして、舌なめずりするようないかがわしい表情を浮かべながら、私のほうににじり寄ってきました。ふん、ふんと、太った人特有の荒い鼻息が迫ってきます。

「そ、そんな……きょ、教師がそんなことして、いいんですか……？」

私は、自分が圧倒的に弱い立場であることをいやでも認識しつつ、かろうじてそう批判めいた言葉を口にしましたが、もちろん、なんの役にも立ちません。

「ふふ、教師である前に、ただの男ですよ。しかも、これっぽっちもモテたことのない、独身のみっともないデブ……あなたみたいな女とヤれるなんて、千載一遇どころじゃない奇跡的大チャンスなんだっ……！」

火に油を注ぐようなかんじで彼のヤバいテンションは爆上がりし、いきなり私に抱きつくと、問答無用で押し倒してきました。そしてその醜い唇から本当にヨダレを垂らしながら、私の服をむしり取ってきました。

「い、いやっ……やめて、こ、こんなのっ……！」

「悪いことは言わない、ここは僕のいうこと聞いたほうがいいですよ？　そしたら、責任をもって息子さんがしでかしたことは揉み消してあげますから……ね？」

いやでも自分に選択肢などないことを悟らざるを得ませんでした。

「ほ、本当に……息子を守るって約束してくれますか？」

「もちろんです！　だからさあ、ほら、僕のコレ、舐めてくださいっ！」

彼の手でパンティ一枚だけにされてしまった恥態をさらしながら、私は立ち上がった彼の前にひざまずくと、ズボンと下着を脱がせ、その勃起したペニスを咥えました。それは思いのほか大きく固く、猛ったように反り返った竿の表面に浮き出した太い血管が、ドクドクと脈打っているかのようでした。

「……んぐっ、ふん、うぐぅ、んじゅぶ……」

その汗臭い淫臭にむせ返りながらも必死でしゃぶっているうちに、なんだか私の中にも信じがたい昂りが生まれてきました。夫と離婚してもう丸二年、セックスとは無縁の生活を送ってきた反動でしょうか。自分が今頬張っている肉塊が欲しくて仕方なくなり、私は知らず知らずのうちに自分でパンティの中に手を突っ込んで、無様に濡れそぼってきたソコを掻きむしっていたのです。

「ああ、草間さん、エロいよ……僕のチ◯ポしゃぶりながら、自分のオマ◯コいじくるなんて……やっぱりあなたもバツイチの女やもめで欲求不満だったんだね！　さあ、僕のでよければ、思う存分喰らい込んでくださいっ！」

T先生はそう言うと上も脱いで全裸になり、私の最後のパンティ一枚を剝ぎ取ると、その巨体でのしかかってきました。豊満な脂肪で圧迫されながらも、私は久々に体感するオスの欲望の迫力に陶然となっていました。

「さあ、入れますよ！　……んっ、うう……あ、熱くてキツイ……！」

「んあっ、はあぁ……あひぃ……！」

Ｔ先生のペニスは私の奥の奥まで貫いてきて、その子宮を突き破らんばかりの衝撃的な快感に、私は溢れ出る喜悦の悲鳴を止めることができませんでした。

「あ、ああっ……いいっ、いいわぁ、あひ、ひい、んああぁぁっ！」

「ああ、草間さんのマ◯コ、最高だぁっ！　ふん、ふん、ふん……ぐぅ、うう……あ、もうだめだ……な、中で出していいですか⁉」

もちろん、いいワケありませんが、そのときの私はそんな理性も常識も吹き飛ばさんばかりの勢いで、男のナマの放出を生身で受け止める悦びを味わいたくて仕方なくて……彼の言葉にうなずいてしまっていたのです。

「あ、ああっ……あああああ～～～～～～～～～～～っ！」

ドクドクと大量の熱い精を胎内で飲み下しながら、私は完全昇天していました。

その後、先生は約束どおり息子の事件を揉み消してくれて、事なきを得ました。

問題があるとすれば、今でもたまにＴ先生のペニスの淫らな圧力を思い出して、たまらなくアソコが疼いてしまうことぐらいでしょうか？

■朔也くんの暴れん棒に掻き回され、私のジュクジュクのおつゆは止めどなく溢れ……

若く逞しい大工の腹筋の下で激しく淫らに喘いで！

投稿者 宮内あやか（仮名）／36歳／専業主婦

念願のマイホームを建てることになったの。といっても、夫の両親が住んでいる家の敷地に離れを建てるだけなんだけど。これまでは完全同居だったので、敷地内とはいえ、私と夫と娘の三人家族がようやく独立出来る喜びに胸が躍っている今日この頃。

「おはようございます、津田工務店でございます〜〜！」朝の8時半、大工の棟梁を筆頭に六人の職人さんたちが元気よくやってきた。「今日もよろしくお願いします！」と私は玄関先で挨拶を交わし、素知らぬ顔で部屋に戻るんだけど、視線はある一人の職人さんに釘付け……。

「お〜い、朔也〜、脚立持って来てくれや〜」「うぉ〜っす！」その声に私のハートがドキンとなる。中学生でもあるまいし。いい年こいてなんでこんなにときめくの？と自問自答。だって仕方ないよ、朔也くんはワイルドなガテン系イケメンで、モロ私好みなんだもの！（はぁ〜〜、あの逞しい腕に抱かれてみたい〜〜！）窓ガラス越しに朔也くんの姿を盗み見しながら、つい腰から下が勝手に身悶える。

夫の紘一（四十歳）とは三年以上セックスレス……つまり私の体は飢えてるの。とはいえ、今さらメタボ化した夫とセックスなんてしたくないけどね。自分ももうそういう欲は薄れてきたんだなって近年思ってたんだけど、朔也くんを一目見たときから、私の体は疼いてた。話してみたい、とか、仲良くなりたい、とか、そんなプラトニックな気持ちじゃなくて、（彼に抱かれたいわ）ってストレートな気持ち。

「お茶をお持ちしました～～、皆さん、どうぞ～～」

今日も濃いめに化粧をして、私は大工さんたちに三時のおやつを振る舞う。

「いやぁ～、いつもすいませんねぇ、奥さん」棟梁がペコッと頭を下げたあと、皆を手招きする。「いただきま～す」「これ、美味いですね！」「昨日のどら焼きも美味しかったよなぁ」若い職人さんたちが口々に褒めてくれる。朔也くんもニコニコして今日のおやつのロールケーキを頬張ってる。「じゃあどうぞ、ごゆっくり～～」とびきりの笑顔を向けたあと、私は母屋に入った。そして二十分後、空になったコーヒーカップとお皿の載ったお盆を持ってくるのは、一番下っ端の朔也くんの役目。

「ごちそうさまでした～！」「朔也くん……だっけ？　何か食べたいおやつとかある？　リクエストしてくれたら、明日のおやつに買ってくるわ」「ホントですか？　甘いものなら俺、なんだって大好物ですよ」

「じゃあ、私でいい？　私も甘いのよ」「えっ⁉」

驚く朔也くんからお盆を受け取りながら、わざと彼の手に触れてみた。朔也くんの顔が見る見るうちに赤くなっていく。ちょっとの間、朔也くんは呆然と立ちすくんでいたけど、「あ、仕事に戻りますっ、ごちそう様でしたっ！」その表情がまんざらでもないような、もっと私に誘って欲しかったような？　決して私の思い過ごしじゃないと思うんだ。その証拠に一週間後のこと……。

その日は天気予報どおりの土砂降りで、前日から大工仕事はお休みが決まっていた。なのに朔也くんはやってきた。庭の隅に道具を忘れてしまったので取りに来たのだと言ったわ。「せっかくだから、ちょっとウチに上がっていかない？　寒いでしょ？　熱いお茶でも飲んでいってよ」そう誘うと朔也くんは嬉しそうに「はい、ありがとうございます」と答え、私について家に入ってきた。

平日の午前十時半。夫は会社、娘は学校。いつもは自宅にいる舅と姑は老人会の温泉旅行に今朝から出かけて、今、家には他に誰もいない。こんな千載一遇のチャンスを逃してなるものか！

「朔也くん！」私はおもむろに彼の腕を掴んで歩きだした。「え……どこへ？」「いいからついてきて。見せたい物があるのよ」階段を上がって二階の夫婦の寝室に入るなり、私は強い力で朔也くんをベッドに押し倒した。

「お、奥さん……」見せたいのは私の裸。セーターとTシャツを一気にたくし上げて脱ぐと、プルンと乳房が揺れる。今日はなんとなく最初からブラジャーなど着けてなかった。朔也くんが思わず股間に手を当てて「いてぇ～」と呟いた。さすがの若さ！私の生オッパイで勃起してくれたのね。チョーうれしいっ！

「うふふ、Gパンの中でソコ、キツそうね。私が脱がしてあげるわ」その言葉に朔也くんはおとなしく従い、私にされるまま微動だにしなくなった。「わぁっ、素敵ィ～」トランクスをずらすと、赤黒く艶めく見事なおチン◯ンが出現した。こんな立派なの、見たことない！　勃起しきった上反りが、シックスパックに割れたお腹にひっつきそうだ。私は思わずパクンと咥えた。「うおぅ……」朔也くんがのけ反って喘ぐ。チュッパチュッパとわざといやらしい音をさせて肉棒にしゃぶりつく。「ああ、うう……んあぁ……」朔也くんの悩ましい喘ぎ声とともに、肉棒は更に大きく固くなる。私はいったん口を離して、朔也くんの口に私の乳房を押し込める。

「舐めて……」ペロペロペロペロ……「吸って」チュパチュパチュパチュパ……。

私の指示通りに朔也くんの舌が動く。

「上手ね……私のココ、もうびっしょりよ」朔也くんを跨いだまんまスカートをめくり上げると、ブラジャー同様、パンティも最初から穿いてないから、一気に私の陰部が露わになった。興奮した朔也くんの逞しい腕が伸びて長い指が無遠慮に湿った草むら目がけて入ってきた。くちょくちょと膣の出口を撫で回され、「ああ～～、んんん～～～～！」声が洩れる。「すげぇ～、あんぐり開いてる～～」朔也くんの指がズボッと私の中に入ってきた。「ああああ～～～！」彼は私の反応を冷静に見届ける余裕がある。驚いた。二十歳かそこらで、実は相当女慣れしてるんじゃないの？　という思いが頭をかすめた瞬間、朔也くんは私の上に乗り返し、乱暴に私の足を開いて抱え上げた。

「すげぇ、いい眺め！」「や、やめて……見ないで、恥ずかしい……」「ふん、ほんとは見られたかったくせによぉ～、ヒヒヒ」

雨が降って窓の外は暗いが、その中でも大股開きにされた私の股間は丸見えだ。朔也くんの顔がその湿原の中に沈み込む。「ひぃっ！」クリトリスをペロペロされて私はビクンとなった。吸ったり舐めたりを繰り返され、「あああ～～、いい～～、んんん～～」もう恥じらいも何もない、ただ本能の赴くまま感じるだけ……。

「クリちゃん、固くなってるよぉ～」「いや、やめて、そんなこと言うの……」「奥さんのおマ○コずぶ熟れで俺、溺れちゃいそう〜〜」言いながらジュバジュバと音を立て粘膜の器を舐められ、「ふぁぁぁぁぁ〜〜〜、き、きて、早く……朔也くんの……ここに入れて……」私は淫乱な恍惚女と化し、朔也くんにおねだりしてた。

「よ〜し、入れてやるぜ」そう言うと、ジュブジュブと卑猥な音をたてて彼の逞しい肉棒が私の中に入ってきた。子宮口まで、それは一気に……！

「アアアアア〜〜！」「ぐぉ〜〜〜〜！」

朔也くんの暴れん棒に掻き回され、私のジュクジュクのおつゆは止めどなく溢れ続ける。「いいよ〜〜、奥さんのおマ○コ……おマ○コ〜〜〜」

彼は『おマ○コ』を連呼しながら激しく腰を振った。その度に私の肉のヒダヒダが痙攣する。あまりの快感でさっきから既に二回もエクスタシーに達してしまってる。でもまだまだ何度でもイケそう。

「朔也くんのも、いい〜〜！　もっと動いてーーー！」

「ヤバいよ、ヤバいよ、奥さんのおマ○コ、すげぇ締まってて……すげぇよ、奥さんのおマ○コ！」ハァハァ息を切らしながら朔也くんが言う。その言葉にも感じて、

「わ、私もヤバイ……おマ○コ、イクわ……ああ、イキそうよ……」

「俺も……イ、イク……イクイクイク……」

「ああ〜〜〜ん、おマ○コ、イク〜〜〜〜〜〜」

「俺も……奥さんのおマ○コでイクゥ〜〜〜〜〜〜〜！」

パンパンパンパンパンと激しく肉をぶち当て、こすり合わせたあと、ガクンガクンと同時に二人で頂点に達した。

ハァハァハァハァ……ハァハァハァハァ……。

窓の外では相変わらず雨が降っている。情事のあられもない音を掻き消してくれるような、激しい雨……情事のあとの荒い息遣いも消してくれてる……。

「奥さんのおマ○コのファンになっちゃったよ……また、してくれる？」

「そうねぇ……」

しばらくは舅姑と同居だから無理だけど……、

「離れが建ったら、一番に招待するわ」

そしたらまた朔也くんとヤレる、セックスしまくれる。

今から新居完成が待ち遠しい私なのですぅ〜〜！

■ママはその豊乳をブルブルと震わせ揺らしながら、私の上に覆いかぶさってきて……

スナックママとの蕩けるような一夜だけのレズ体験

投稿者 紀平愛（仮名）／22歳／アルバイト

前のアルバイト先の小さな会社で、職場の先輩と大恋愛した末になかば勢いで結婚しちゃいました。半年前の話です。

相手は、正社員といってもまだ二十四歳の若造ということで、もちろん親には大反対されたけど、そんなのカンケーねー！　と、突っ走る青春の情熱のままに勘当同然でゴールイン……したはいいものの、やっぱり世間は甘くないですね。それからほどなくしてダーリンがリストラされちゃって、今は夫婦そろってフリーターという有様……ほんと、生きてくって大変だわ〜。

で、その後、ちょっと飽きっぽい私は短期のアルバイトを転々としながら今に至ってるんですけど、この間、二週間ほど勤めたところで、なかなか大変な目に遭っちゃったんです。

そこは街はずれにある小さなスナックで、ママ（四十二歳）とチーママ（三十六歳）の二人で切り盛りしてる店だったんですけど、チーママさんが交通事故でケガをして入院してしまい、彼女が退院するまでの間のヘルプということで、以前にもスナック勤めの経験のある私が、その間のピンチヒッターを務めることになったんです。

小さいながらも多くの昔からの常連さんに愛され賑わい、日々忙しく、楽しく働いているうちに、あっという間に二週間が過ぎ、いよいよ明日から晴れてチーママさんが復帰されるということで、その日が私の最後の出勤日となりました。時給も決して悪くないし、居心地いいしで、正直もっと働いてもよかったなあと、ちょっと後ろ髪を引かれる思いでしたが、しょうがありません。

深夜一時に営業時間終了となり、ママの発案で、二人だけでささやかながら私のお別れ会をしてくれることになりました。

「さあ、なんでも好きなもの飲んでいいわよ！」

「はい、ありがとうございます。それじゃあ遠慮なく！」

ママは人気女芸人の友○さんを思わせる、ちょっとふくよかなタイプの陽気な美人で、でも友○さんをはるかにしのぐ豊乳の持ち主とあって、ほとんどのお客さんがママのファンというのもうなずけるというものです。

「かんぱ～い！　愛ちゃん、おつかれさま～っ！」

「はい～っ、とっても名残惜しいです～っ！」

私はお言葉に甘えて、前から飲みたいと思っていた高いブランデーを出してもらい、二人で飲んで楽しく盛り上がりました。

そうするうちにいつの間にか、時刻は深夜三時になろうとしていました。

ダーリンもぼちぼち夜勤から帰ってくる頃なので、私はママにその旨を伝え、帰ろうとしましたが、ママは「もうあとちょっとだけ、いいじゃない？」と言って私を引き留め、それまで座っていたソファーの対面の席から、なぜか私のすぐ隣りに移動してきました。そして飲みながら、まるでからみつくように私に密着してきたんです。

大きく胸元の開いた黒のカットソーから、こぼれんばかりのバストの谷間を見せつけながら私の体に押しつけ、熱い吐息をこちらの耳元に吹きつけてきます。そして、まじまじと私の顔から体にかけてを舐め回すように見ながら言うんです。

「はぁ～、やっぱりユウちゃん（チーママのことです）とは違うわねぇ～……あの子もかわいくて好きだけど、歳が歳だもんね。まだ二十代そこそこの愛ちゃんと比べると、肌の張りも、きめ細やかさも雲泥の差……ほんと、愛ちゃん、食べちゃいたいくらい大好きよ～っ！」

その言葉の端々に冗談とは思えない異常な熱気を感じ、私は言い知れないヤバさを覚え始めていました。(ママってひょっとして……女が好き……？)

その疑惑を裏付けるかのように、私の肩に回されたママの腕に力がこもり、ぐいぐいと顔と顔が引き寄せられていきました。

「……あ、あ、ちょ、ちょっとママっ……んっ、ぐぅ……」

とうとう私の唇はママのキスに捉えられ、その逃れようのない強い力に押さえつけられながら、口内を吸引され続けました。一生懸命もがいてもママの拘束はびくともせず、舌と舌がからみ合い、ジュルジュル、ジュパジュパと唾液を啜られ、口蓋じゅうを舐め回されるうちに、私の意識はとろ火にかけられたようにゆっくりと溶け崩れ、えも言われぬ恍惚感に支配されていっちゃったんです。

「……んんっ、ぷっはぁ～～っ！　う～ん、愛ちゃんのキス、最高よぉ！」

アルコールの酔いと愛戯の興奮で顔を真っ赤に紅潮させながら言うと、ママは問答無用で私の服を剝ぎ取り始めました。そして、あっという間に全裸にされてしまった私を見下ろしつつ、ママも自分で脱衣しながら言いました。

「うふふ、愛ちゃん、どう見てもソッチの気はなさそうだったから、ガマンしようと思ってたんだけど、今日でお別れかと思うと……やっぱり無理みたい。お察しのとおり、あたし、男より女のほうが好きなヒトなの。もう、最初に見たときから愛ちゃんのことが好きで好きで……おねがい、最後に今日だけ、あたしのモノになってぇ！」

そしてとうとう全部脱ぐと、その豊乳をブルブルと震わせ揺らしながら、ソファーの上に横たわった私の上に覆いかぶさってきたんです。

「ああん、愛ちゃんのそのかわいい唇で、ママのオッパイ、思いっきり吸ってぇ！」

白くてたっぷりとした肉房が私の顔に押しつけられ、サクランボほどもある大粒の乳首を口に含まされました。ぐいぐい圧迫してくるそれを吸わないわけにはいかず、一歩間違うと窒息しそうになってしまうほどの肉の圧力に耐えながら、私は必死で吸い、しゃぶり、舐め回しました。

「ああん、いい……いいわぁ！　じゃあ愛ちゃんのも舐めてあげるね！」

続けて、お返しとばかりにママが私の剝き身の胸にしゃぶりついてきて、そのふくよかで妖艶な唇と、ヘビのように長い舌で、乳房と乳首をこれでもかと愛撫してきました。さすが筋金入りのレズビアン、それはまさに女の快感のツボを知りつくしたものので、私はあまりに甘美な快感に悶え、ひれ伏すしかありませんでした。

「あひっ……はぁ……っ！　あ、ああん……ひあぁっ……」

「ほぉら、愛ちゃんのココ、もうドロドロよぉ！　もちろん、あたしだってもうドッロドロのグッチャグチャ！　これとこれをね、こうやってくっつけて……んんん、からませ合うと、もうサイコーに気持ちいいんだからあっ！」

「……あっ！　ああ、あ、あんんん〜〜〜〜〜〜ッ……」

あとで聞いたところによると、この女性器同士を嚙み合わせ、愛撫し合う、そっちの世界の言葉で『貝あわせ』という性戯によって、私はかつて味わったことのない妖艶すぎるほどの快楽の奈落に突き落とされ、三度、四度と気絶せんばかりのオーガズムに達してしまっていたのでした。

ママもこの間に私の若い肉体を味わい、たっぷりと満足したようで、最後にお給料とは別に五万円の餞別を手渡してくれました。

今のところ、女同士のエッチ体験はこのときの一回だけですけど、その男とのセックスとは一味も二味も違う深い魅力に満ちたプレイのことが忘れがたく、たまに思い出しオナニーに耽ってしまう私なんです。

第二章　真冬の快感に火照って

■コウスケの指はパンティの生地越しにあたしのワレメちゃんの縦スジに沿って……

コタツの中でうごめく元カレの指先にもてあそばれて！

投稿者 木村奈緒（仮名）／24歳／ショップ店員

去年、一つ年上のリクくんと結婚しました。

まだ新婚ほやほやのラブラブなあたしたちで〜す。

でも、この間の体験はちょっとハラハラドキドキだったな〜。

その日、あたしは勤め先の洋服屋が入ってるショッピングビル自体が休みだったもんで、自宅アパートで家事しながら一人で過ごしてたんです。

そしたら突然、それまで天気がすごく晴れてたのが、いきなりものすごい土砂降りの雨になっちゃって、しかも全然止みそうもなく……。

ああ、こりゃひょっとしたら……と、あたしが思っていると、一時間後くらいに案の定、リクくんが帰ってきました。リクくんは建設現場とかで左官職の仕事をしていて、ひどい天気のときは仕事が休みになっちゃうんです。

だけど、同時に案の定じゃないことが起こりました。

「ただいま～っ、いや～、ひどい雨になっちまったよ。あ、今日はこいつも一緒だよ」

と言ってリクくんが連れてきたのは、同じ左官職人であり、しかもなんとあたしの元カレのコウスケだったんです。
マ、マジか……！
もちろん、リクくんはそんなことは知りません、
急に雨が降ってきた中、偶然現場で居合わせた左官仲間のコウスケを、たまにはうちに遊びに来いよと言って連れてきただけ……でも、コウスケのほうは違います。彼はリクがあたしのダンナだって知ってて、のこのこついてきたんです。

絶対に何かたくらんでるに違いありません。

「いや～、今日も寒いなあ、すっかり冷えちまったよ。さあ、コウスケ、コタツに入ってあったまってくれよ。おい奈緒、あったかいコーヒーいれてくれや」

「は、は～い」

あたしは、密かにニヤついてるコウスケのことを横目で見ながら、キッチンでコーヒーの準備を始めました。そして、三人分のコーヒーを注いだマグカップを載せたトレイを持って居間に行くと、リクくんとコウスケが並んでコタツに入っていて、リクくんの反対隣りの席の場所には洗濯物が積んであるもんだから、あたしは唯一空いて

いる場所……リクくんの対面で、コウスケの隣りの場所に座るしかありませんでした。

「そういや、コウスケと奈緒が会うのは今日で三回目だよな?」「う、うん……」

あたしとコウスケが、自分を通してだけの単なる知り合いとしか思っていないリクくんはそう言ってあたしに振り、あたしも適当に返すしかありません。

ダンナと元カレと一緒だなんて……うう〜、地獄の時間……コウスケ、早く帰ってくれないかなあ。

と、あたしがいたたまれない思いを噛みしめていた、そのときでした。

コタツの中で、タイツを穿いたあたしの太腿を撫でさする感触が。

コ、コ、コウスケ〜〜〜〜!

あんた、バカなんじゃないの⁉

夫が目の前にいるところで、その嫁の太腿撫で回すなんて……い、いや、こいつ、最初っから確信犯か〜⁉

確かにこいつはこういうヤツでした。いたずらっ子のドスケベ野郎!

あたしの困る顔を楽しみながら、スケベ心も満足させようとしてやがるんです。

そんなこととはつゆ知らないリクくんがアレコレと振る話に、絶妙の巧みさで反応しながら、コウスケは何食わぬ顔であたしのデニムのスカートをまくり上げ、その下のタイツの中に手を突っ込み、パンティに覆われた股間部分に触れてきました。

最初はソフトに撫でさすっていたのが、だんだん指先に力がこめられてきて、パンティの生地越しにあたしのワレメちゃんの縦スジに沿ってギュウギュウと押し込むようにしてきて……。

あっ、だめ……だめだったら！　ちょっとコウスケ～～ッ……！

あたしは心の中で非難の絶叫をあげ、リクくんの目を盗んでコウスケの顔をにらみつけました。でもヤツはまったく気にすることなく、さらにエロい行為をエスカレートさせてきたんです。

爪を立てるようにして、さらに鋭くピンポイントでマンスジを攻めたてられ、あたしのソコはチョー敏感に反応し、じんわりとマン汁が滲み出してくるのが自分でもわかりました。

あ、ああっ……ヤ、ヤバイ……か、感じちゃうよぉ……！

「……んあっ……」

「ん？　どうかしたか、奈緒？　どっか痛い？」

つい声が出てしまい、それに対するリクくんの問いかけに、あたしは無理やりごまかすしかありませんでした。

「ううん、なんでもないよっ！　だ、大丈夫だから」

「そうか？　ならいいんだけど」

もう〜〜っ、かんべんしてよ〜っ！

言葉には出せず、心の中で文句たらたらのあたしに対して、コウスケはさらに攻撃の手を強めてきました。

とうとうパンティの中にまで手を潜り込ませ、ダイレクトにあたしのオマ○コに触れてきたんです。

コウスケの指先が密かに巧みに動いて、あたしの恥ずかしい肉ひだをいじくり、掻き回して……さっきまでのタイツとパンティ越しのおイタで、すっかりツユだくになってしまってるあたしのソコは、コウスケの指がうごめくたびにクチュクチュ、ネチョネチョ、ピチャピチャといやらしい音を発してしまってるようで、そんなわけないのに、それがコウスケに聞こえちゃったらどうしよう？　と思うと、燃え上がるような羞恥心と同時に、とんでもない興奮と快感が湧き上がってきてしまいました。

ああ……あたし、もう……ダメかも……このまま、イッちゃうかも……。

「……ひっ……！」

「……？　奈緒……？」

「じゃあ、おれ、もうそろそろ帰るわ！」

あたしがたまらずオーガズムの声をあげそうになり、それをリクくんが聞きとがめた、まさにその瞬間、絶妙のタイミングでコウスケが声をあげ、ガバッとコタツから立ち上がりました。

「……お、おう、そうか、帰るか？　じゃあ気をつけてな。明日は晴れるだろうから、また現場でな」

「ああ、また明日。じゃあ、奈緒さん、コーヒーごちそうさま！」

「え、ええ。気をつけて帰ってね」

あたしはなんとかギリギリでオーガズムの瞬間を呑み込み、かろうじて作り笑いを浮かべてコウスケの帰りを見送ったんです。

あ〜、ほんと、ヤバかった！

ヤツのとんでもないイタズラ心にはマジまいったけど、一方であんなエキサイティングな体験、そうそうないよな〜　……なんて思っちゃってたあたしなのでした。

■彼はわたしのアソコに指を一本入れてほぐし、二本入れてさらにほぐし……

バイト先のお客さんとのエッチで生活補填費を稼ぐわたし

投稿者 脇谷夕菜（仮名）／26歳／アルバイト

家の近所のカフェでアルバイトしてる人妻です。

うちのダーリンがけっこう嫉妬深くて、勤め先に男がいっぱいいるような、大きな会社とか店で働くことを許してくれなくて、それで近場の小さな職場で仕方なく。でも、それで妻の行動を制限できてるとか思ってるなんて、ほんと男って幼稚でバカよね。女がその気になりさえすれば、どこでだって、誰とだって浮気なんかできちゃうのにね。

わたしの普段のシフトは午前十一時から午後六時まで。

先週の、けっこう雪が降った日の午後四時頃、それまで一人もお客さんのいなかったところへ、ようやく来客が。見るからに高そうなブランドもののコートを着た、四十代半ばくらいに見えるダンディな男性客。水を持ってオーダーをとりにいくと、すごく素敵な香りがした。

チーズケーキとホットコーヒーのセットを頼まれたわたしは、それをカウンター内にいる店長に伝え、用意された注文品を運んでいった。

それをテーブルに置いていると、店長の目を盗むかのようにこっそりと、例のお客さんから一枚の紙片がわたしの手の中に。

こういうことは、たまにある。わたし、もてるから。

さりげなくトイレに行くふりをして、渡された紙片を広げてみると、そこには、

『今日このあと、時間あるかい？　二時間ほどつきあってくれたら、とても嬉しいな。もちろん、おこづかいあげるよ』

と書かれていた。

今日はダーリンも帰りが遅くなるって言ってたし、あのお客さん、まあまあ好みだし……わたしは彼のテーブルに戻ってグラスにお水を注ぎながら、声にはださずに唇の形だけで『オーケー』と伝えた。

彼はにっこりしてうなずいた。

そして六時になり、わたしは店長に一声かけると仕事を上がった。

コートを羽織り表に出ると、店の脇のほうに彼がいて、腕を差し出してきたので、わたしは自分の腕を組んであげた。恋人同士というよりも、ひょっとしたら親子に見

えるかも？　なんて思いながら。

腕を組んで歩きながら、「夕ごはん食べる？」と聞かれたので、そんなに時間がないからいらないと答え、わたしたちは手っ取り早くホテルに向かった。

部屋に入ると、まず二人でお風呂に入ることになった。

わたしが服を脱いで裸になると、彼は「すばらしい」と言って、とても嬉しそうな顔をした。まあね。わたし、顔はもちろんだけど、そこそこ大きいうえに形もいいバストにも、ほどよくくびれたウエストにも、プリッと引き締まったヒップにも、けっこう自信があるんだ。

でもそれから、わたしの目の前で服を脱ぎ始めた彼の体を見て、思わず「ホウッ」って軽いため息が出ちゃった。さっき年齢を聞いたら、たしかに最初私が思ったとおりの四十代半ばだったけど、その脱いだ体ときたら、まだ二十代のダーリンと比べても負けないくらい、引き締まった筋肉質のナイスバディだったの。こりゃこっちの肉体維持のほうにも、けっこうお金がかかってるなあってかんじ？

「すごい、かっこいいカラダ……」わたしが言うと、「きみには負けるよ」と言いながら、彼はシャワーの栓をひねり、お互いの裸身にお湯を浴びせていった。時折、湯流を集中して乳首に当てられ、「あふん……」と、わたしは軽くあえいでしまう。かと思うと、わざと乳首をはずしてその周辺をま〜るく湯責めしたりして、そのエロい緩急のつけ方がまたたまらず、わたしはますます昂っちゃう。

そうするうちに、浴槽にお湯が張り終わった。

彼に促されるままにわたしは湯船に足を踏み入れ、ジョボジョボとお湯を溢れさせながら、二人して体を沈めていった。縦長の浴槽の端と端に、お互い向き合う格好になって腰を下ろす……といっても、基本狭い浴槽なので、向き合った体はほとんど密着している。

彼が両手でわたしの左右の乳首に触れてきた。

最初は軽く押しつぶすようにこね回し、次第に摘まんだ指に力を入れてコリコリとよじり刺激してくる。その指づかいがあまりにも巧みなもので、わたしは気持ちよさのあまりぼーっとしてきてしまう。少しお湯ののぼせもあるかもしれないけど、全身がどんどん熱くなっていくようなかんじ。

わたしはもうじっとしていることができなくなって、思わず手を伸ばすと彼の股間のものに触れていた。すると、そこはすでに七割がた固く大きくなっていて、わたしが先端に触れた瞬間、彼は「うっ」と小さく呻いた。わたしはその反応が可愛くなってしまい、さらに積極的に攻めていった。

親指と人差し指で輪っかを作ると、それを彼の亀頭のくびれにはめるようにして、上下にクイクイとしごいてあげる。そのたびに固さと大きさが増していくようで、あっという間にフル勃起したみたい。

上目遣いに顔を見てあげると、よがりたいのを我慢してるみたいな微妙な表情して、かわいいと思うと同時に、ちょっとSっぽい気分になっちゃった。

指の輪っかをガッチリ固く亀頭のくびれに咬ませ、そのまま強く力を入れて上下にグイグイ。「……くっ！」さすがに声を出す彼。そして同時に指先にヌルヌルとした感触が……。ガマン汁が出ちゃったっぽい。わたしはイタズラ子猫みたいな笑顔を浮かべると、さらに容赦なく締めつけ、しごいてあげた。

「んっ……くぅ、うっ……ぐ……」たまらず押し殺した声で呻いていた彼だったが、

「きみ、見かけによらず悪い子だなあ。じゃあこっちだって黙ってないからな」と言って、わたしの股間に指をやると、クリちゃんをクニュクニュといじくってきた。

「……あっ！」甘い刺激が股間を襲い、そうされるうちに、わたしのほうもヌルヌルしてきちゃった。それを察した彼はニヤッと笑うと、クリちゃんの下のワレメのほうに狙いを変え、そこにズブズブと指を挿入してきた。一本入れてほぐし、二本入れてさらにほぐし、三本入れてますますほぐし……すっかりいやらしくほぐれきったわた

しのそこは、もうトロトロに蕩けつくして大量のラブジュースを分泌させていた。

「ほら、きみのここ、すっかり完全なパクパク状態になっちゃってるよ。早くオチン○ン入れて欲しくて仕方なくなっちゃってるんじゃないの？」

彼に図星をさされたわたしは、大きくうなずくと、「うん、早く入れてほしくてたまんない！　この大きなオチン○ン、奥まで突っ込んでぇ！」と叫び、彼の首っ玉にかじりついてた。

「よし、ベッドに行こう。二人で思いっきり愛し合おう」

二人、濡れた体をバスタオルで拭くことすらせず、ベッドに倒れ込んだ。

「どうやって愛されたい？」そう彼に聞かれたわたしは、迷わずこう言った。

「バックで！　後ろからいっぱい犯してっ！」

「よし、わかった！」彼は応えると、わたしを四つん這いにさせて、うしろからガッシリと左右の尻肉を摑んできた。そして親指で下のほうを押し開くようにしながら、濡れた口をパックリと開いたわたしのアソコの中に勃起ペニスを押し入れてきて！

「……っあ、ああっ、ひぃ……入ってる、すっごい固くて太いのが、わたしの奥まできてるぅ！」押し寄せる快感を爆発させながらわめくわたしに対して、「うっ、くぅ……す、すごい！　これが噂に聞くミミズ千匹かあ⁉　ぬめぬめぐちゅぐちゅチ○ポにからみついてきて……キ、キモチよすぎるぅ！」と彼は応え、見る見る腰のピストンスピードを上げてゆく。

「ああん、ダメ……わたし、もうイキそうっ！　んあっ、はぁはぁ……！」

「よし、出すよ……濃ゆいのいっぱい、ここにぶちまけるぞおっ！　ん、んん！」

「あ、あ、あ……イク～～～～～～～～～ッ！」

と、彼は思ったほどの量を射精しなかったけど、わたしはめちゃくちゃ感じることができて、もうチョ～～～満足！

その後、お互いにきれいに体を洗い、わたしは約束どおり彼からお小遣い五万円をもらって別れ、家に帰った。

ダーリン、だまってこんなことしててゴメンね。

でも、こうやって稼ぐ生活補填費が、ダーリンの大好きなマグロのお刺身に変わってるんだよ？　きみの安月給で、こんなのあんなにしょっちゅう食べれるわけないじゃん！　ちょっとは感謝してよね。

■私のソコは指で抜き差しされて、思わず勝手に腰が上下して悶えてしまうほどで……

家出妻の私を犯し癒してくれた温泉宿での混浴セックス

投稿者　高島七瀬（仮名）／36歳／専業主婦

いい歳をして、家出してしまいました。

夫と十歳の息子を残して。

原因は夫の浮気でした。

会社の部下の二十代ＯＬとのスマホでのメールのやりとりを、私が見つけてしまったんです。夫は必死で言い訳しましたが、向こうからの『今度はうちに泊まってほしい』などという文面を見て、一体誰が潔白を信じることができるでしょうか？　しかも夫はこれまでに何度も前科があるんです。もう堪忍袋の緒が切れました。

すっかり逆上してしまった私は、必要最低限の身支度をし、しっかりと財布を持って家を飛び出すと、そのまま駅からあてもなく電車に乗ってしまったんです。

夫のことなんかどうでもいいとして、息子のことは心配でしたが、きっと姑がここぞとばかりに世話しに来てくれるから大丈夫でしょう。

電車に揺られながら、さて、これからどこに行こう？ と、ぼんやりと思いめぐらせた私でしたが、結局、かつて夫と行ったことがあって多少は覚えがある、他県の温泉地に向かいました。

駅を降りて、そのとき泊まった温泉旅館を訪ねると、二月初旬のシーズンオフということもあり、すんなり一泊の宿を得ることができました。まあ、女性の一人客は自殺でもするんじゃないかと警戒されることがあると聞きましたが、かつて泊まった宿帳も残っていて、大丈夫のようでした。

一人ゆっくりと温泉に浸かれば、少しは気持ちも落ち着くかな……。

そんな思いで、私は決して豪華ではないけど、いい食材を使って丁寧につくられた心づくしの宿の食事を味わったあとの午後九時ごろ、入浴の準備をして浴衣を着て、女湯へと向かいました。

ところがここで困った事態が起こりました。

なんとボイラーの故障で、女湯が入浴不可になってしまっていたんです。入れるのは男湯と混浴の浴場だけということで……一瞬、あきらめようかと思ったのですが、やはりせっかくだし温泉に浸かりたいと思った私は、混浴に入ることにしました。宿の人に聞いたら、今日は他に泊まり客もほとんどないし、普段から混浴を使う人は滅多にいないから、きっと誰も入ってこない、大丈夫ですよ、と言ってもらえたので、その言葉を信じて心を決めたんです。

脱衣所で裸になって、戸を開けて浴場内を窺うと、滅多に利用客がいないわりにはとてもきれいに清掃されていて、しかも屋外に出て露天風呂にも浸かれるということで、私の気持ちはがぜん浮き立ちました。外の空気はきっと寒いでしょうが、天気もよく、夜空を見ながらの温泉はさぞかし気持ちいいに違いありません。

私は浴びせ湯をして、特に股間やお尻を清潔にと心がけたあと、最初十分ほど屋内湯船に浸かった後、外に通じるガラス戸をくぐると、いよいよ待望の露天風呂の湯船に足を浸しました。そして静かに身を沈めていき、ゴツゴツとした岩の縁に頭をもたせかけると、きれいに晴れて星がまたたく夜空を見上げつつ、柔らかな湯心地を存分に楽しんだのです。

そしてあまりに気持ちよすぎて、いつの間にか眠ってしまったようで、一瞬湯船に顔が沈みかかった後、ハッとして目を開けました。

が、その瞬間、私はとんでもない衝撃に襲われました。

なんとすぐ隣りに人が……しかも、当たり前ですが裸の男性が、私に寄り添うように並んで座っていたんです。

「きゃっ…………！」

驚愕のあまり思わず悲鳴をあげかけた私の口が、すぐさま男性の濡れたごつい手のひらでふさがれました。しかも、同時に太い腕で体を抱きすくめられ、声どころか、身じろぎすることさえ封じられてしまったんです。

「……んっ、ん、んぐ……！」

それでも必死でうなって抵抗しようとする私に対し、相手は低くドスの利いた声で言ってきました。

「そんなに嫌がらなくてもいいじゃないか。すき好んで混浴に入ってくるなんて、あんただって少しはこういうことを期待してたんだろ？」

女湯のボイラーの故障が……それでもどうしても気持ちを切り替えたくて温泉をあきらめられなかった私的事情が……と、必死の釈明が頭の中ではぐるぐると駆け巡るのですが、実際に口に出すことはできません。

「ふふ……とか言って、俺、あんたがさっきこの宿にやってきたときから、ずっと目ぇつけてたんだ。ちょっと思いつめたような顔と、寂しげな雰囲気と……あ、こりゃワケありだなってね」

相手はそう言うと、私の体に回した手をうごめかして、ムギュムギュと乳房を揉ん

できました。そしてさらに指先を使ってコリコリと乳首をいじくりながら、

「ひょっとして自殺が目的なんじゃないの？　失恋とかなんかつらい目にあってさ。まあ、死ぬのは勝手だから止めないけど、こんだけいいカラダを見す見すムダにしちゃうなんてのは、もったいないなあ……なあ、せっかくこうやって出会えたんだから、死ぬ前に俺とイイことしようじゃねえか、ん？　冥途の土産に気持ちいい思いを三途の川の渡し守のババァにたっぷり聞かせてやろうじゃねえか」

　なんだか今どき、時代がかったことという男だなあ……などと、ちょっとズレたことを思いながら、私の意識は朦朧としていきました。お湯ののぼせに加えて、相手に強く抱きしめられている圧迫感、そして乳房と乳首に加えられ続ける甘やかな刺激……それらが相まり、えも言われぬ高揚と恍惚感となって、私の心身をトロトロに溶かし、浸食していったのです。

「……んん、う、んふぅ……」

「おっ、乳首もすっかり固くなってきたな。じゃあ、さてはこっちのほうも……？」

　男の手が下のほうに沈み、私の秘部をまさぐってくるのがわかりました。すると、そこには自分でも驚くような感触が……！

「やっぱり……あんた、もうすっかり濡れてるよ。オマ◯コがヌルヌルの粘液出しな

がら、俺の指先を呑み込もうとしてるみたいだ。ふふ……」

そ、そんな……朦朧とする意識の中、男の言葉に愕然とする私でしたが、たしかに言われたとおり、大きな快感のうねりに全身を包まれているような感覚は否定できません。そこへもってきて、男が指で私の秘部を抜き差しし始めたものだからたまりません。ニュルッ、ヌルル、ツプリ、ヌチャ……と、よりいっそう淫らな感触に見舞われた私のソコは、頭がどうにかなってしまいそうな狂おしい快感に満ちて、思わず勝手に腰がヒク、ヒクッと上下して悶えてしまうほどです。

「ああ、いい感じに蕩けてきたな。これならもう入れても大丈夫だろう」

そこへそう言って、これ見よがしに突き出してきた男のモノは、とんでもない大きさに勃起し、私が生まれてこのかた見たこともない巨根の逸物でした。

そして男はお湯の浮力を利用して私の体を軽々と浮かすと、佇立した自らの巨根に向けて下ろし、ヌプヌプと秘部に沈めていったのです。

未だかつて経験したことのない衝撃的な挿入感が私を襲い、そのままユッサユッサと体を揺さぶられ、肉ひだに巨根を出し入れされると、本当にこのまま死んでしまってもいいと思えるくらいのエクスタシーが胎内で爆発し、私は何度も何度もイキ果てながら、いつの間にか意識を失ってしまっていたのでした。

気がつくと、ちゃんと浴衣を着て、自分の部屋の布団に寝かされていました。

何がどうなったのか仲居さんに聞くと、

「お客さん、のぼせて気を失ってしまったんでしょうね。ちょうど今日泊まってる、旅芝居の一座の男性が混浴で倒れてるのを見つけて、知らせてくれたんですよ。ああ、無事気がついて本当によかったわ」

私を犯したのは、きっとその男性なのでしょう。役者さんなら、あのちょっと時代がかった言い回しも、なんとなくうなずけます。

本来なら彼のしでかしたことを訴え出てもよいのでしょうが、そんな気は起こりませんでした。

なぜなら、彼とのセックスで突き抜けるような快感を味わったおかげで、夫の浮気のことなんかキレイさっぱり吹き飛んで、気分一新リフレッシュすることができたからです。むしろ恩人……かな？

翌日、晴れやかな笑顔で家に帰った私なのでした。

■彼は太い腕で私をM字開脚させた格好で高々と持ち上げると、空中挿入してきて……

パート先の上司のパワフルすぎるSEXに征服されて

投稿者 桑山恵梨香（仮名）／27歳／パート

パート先のスーパーの上司のことが好きになってしまいました。

某外食チェーンで店長を務める夫はとてもやさしい人ゆえか、いわゆる草食系で頼りない部分があって、私は心身（つまりは男らしい気概と、オスとしての性的たくましさ）ともに物足りなく感じていたのですが、そんなところへ新主任として赴任してきた彼、森田さん（三十三歳）は、とても新鮮でインパクトがあったんです。

まず、言動の端々から「俺にまかせろ！」的力強さを感じさせる、その豪放磊落な性格。そして、見るからに筋肉質で立派なガタイ以上に、なんでも聞くところによると子供が四人もいるということで、その十分すぎるほどの生殖能力に根差した性的パワー……まさに私、イチコロだったといっていいでしょう。

だから、思いきって告白したんです。

二月十四日のバレンタインデー。

思いの丈をしたためた手紙に、チョコレートの代わりにコンドームを添えて。えへ、ちょっと直接的すぎたかな？　だって、実際にエッチにたどり着くまでに、あまりタラタラと時間をかけたくなかったんだもの。

『とにかくアナタとセックスしたいんです！』

という、これ以上のメッセージはないでしょう？

翌日、手紙に書いたスマホの番号に、早速、森田さんから電話がかかってきました。

「きみも、僕も結婚してる。しかも、僕には子供が四人もいる。僕は何があっても家族第一だけど、それでもよければ」

と言われ、「もちろんＯＫです！」と即答していました。

その週末、私はパート休み、彼は半休で夕方から出勤ということで、お互いに空いている昼間に会うことになりました。もちろん、誰か知り合いに見られるリスク回避のために、待ち合わせたのは三駅離れた町にあるショッピングモールのフードコート。

軽く食事をとりながら、

「夕方から仕事だっていうのに、つきあってもらって……疲れませんか？」

と、私が訊ねると、彼はニヤッと笑って答えました。

「ぜんぜん。二、三発、お安い御用だよ。それより、きみのほうが心配だ。僕の絶倫ぶりに体がこわれちまいやしないかってね」

ズキン！　と、カラダの奥のほうが激しく疼きました。

ああ、早く……早くこの人にめちゃくちゃに犯されたいっ……！

私はドキドキ逸るココロと、メラメラ燃えるカラダを自ら抱きすくめ、すでにどうにかなっちゃいそうでした。

それから数分後、モールから少し離れたホテルで、部屋に入るなり、そんな私の狂おしいばかりの欲求は爆発しました。

まだ服を着たままの森田さんの首っ玉に両手を回してかじりつくと、むさぼらんばかりのキスを仕掛けたんです。さんざん唇を吸いまくったあと、舌を口内にねじ込むと口蓋じゅうを舐め回し、彼の舌にからめジュルジュル、レロレロと啜りたてました。あっという間に二人の混じり合った唾液が吹き溢れ、お互いの顔をベチャベチャに濡らしていきます。

「……んはっ……す、すごいな、桑山さん……とりあえず、シャワー浴びなくていいのかい？」

「そんなのいいんです！　森田さんの汗を、オスの匂いをそのまま味わいたいから！」

私は彼のネクタイを外し、Yシャツとアンダーシャツを脱がせると、現れた胸毛渦巻くたくましい胸筋にむしゃぶりつき、意外と小粒でかわいい乳首を指先でいじくりながら、チュウチュウ、ピチャピチャと舐め、吸いたてました。乳首がピクピクと反応し、ツンと立ってきました。

「……ああ、桑山さん……んっ……」

「ああ、森田さんのおっぱい、おいしいわあ……とっても野性的な味がする」

彼の反応を楽しみながら股間をまさぐると、ズボンの上からでもボリューム感のある立派なイチモツが、見る見る固くなり、グイグイと大きく鎌首をもたげてくるのがわかりました。

「ああん、とっても素敵……うちの主人のなんて比べものにならない……ねえ、早くしゃぶらせてえっ！」

彼の了承を得ると私はひざまずき、ズボンのベルトを外してトランクスごと引きずり下ろして、彼は靴下以外、全裸の姿になりました。そして私はそのほぼ中央で天を突くように立っている勃起ペニスを、あられもない音をたててしゃぶり始めました。

「んじゅっ、じゅぷっ、じゅるるる、はぶっ、んぶっ、うじゅぶ……はぁ、はぁ……」

「う、うう……桑山さん、すごい、すごいよ……チ○ポ、蕩けちゃいそうだ……」

「あ、ああっ……も、森田さぁん……！」

私はさらに、しゃぶりながら自らも服を脱ぎブラを外し、スカートと下着もとって全裸になると、自慢の大きな乳房で彼のペニスをパイズリし始めました。すでに私のたっぷりの唾液と彼が分泌させた先走り液でペニスはベチャ濡れ、私が両の乳房で挟んで擦りたてると、ネチャネチャ、グチョグチョと互いの間で淫らな糸を引きながら、もつれからみ合い、それはもう淫靡な光景です。

「んう……あっ、くう……いい……た、たまらんっ！」

彼の喘ぎ声を頭上から浴びながら、私のほうも感じまくっていました。たくましいペニスの肉感が乳房を蹂躙し、乳首を責め苛んで……。

「はあっ、あ、ああ……あんんっ……！」

「ああ、桑山さん、もう十分だ！　早くきみのマ○コを犯しまくりたくて仕方ないよ！　もうぶち込んでいいよね？」

「ああ、も、森田さぁん……！」

なんと彼は、私をM字開脚させた格好で太い腕で高々と持ち上げると、いわゆる『駅弁ファック』状態で空中挿入してきたんです。ものすごいパワーです。そしてそのまま自分の腰を前後に振るようにして私のマ○コを突き、穿ってきて。

「ひあっ、あ、ああっ……す、すごい～……あん、し、死んじゃう……あ、あたしこわれちゃう～……あ、あ、あ、あ……あひ～～～～～っ！」

私は未だかつて味わったことのない、ワイルド＆マッチョすぎるセックスの快感にヨがり狂い、打ちのめされ、エクスタシーの渦に呑み込まれていきました。

「はぁ、はぁ、はぁ……桑山さん、あ、はぁはぁはぁ……」

「ああ、も、もう……イク、イッちゃう～～～～～！」

空中で激しく突き上げられながら私は絶頂に達し、なんとそのままさらに続けてあと二回イかされ、人生最高のオーガズムを満喫させられたのでした。

森田さんはそのあとでようやくクライマックスを迎え、ベッドの上に抱え下ろした私の顔目がけて、信じられないくらいに大量のザーメンを浴びせかけてきました。私は、まさにオスに犯され征服される悦びを、これでもかと味わったのでした。

その後も月に一回ほどの割合で、私と森田さんの関係は続いています。

私、もう彼なしではいられないカラダにさせられてしまったみたいです。

■監督は私の左右の乳首を摘まむと、絶妙な指遣いで引っ張り、こねくり回して……

秘密の淫欲ママさんバレー指導で昇天ゲームセット！

投稿者 沢村まい（仮名）／26歳／専業主婦

それは二月もだいぶ押し迫り、来月行われる『春の地域対抗ママさんバレー大会』の本番を目前に控えた、チーム内練習試合を終えたときのことでした。

三セットマッチを二勝一敗で終え、勝ったAチームのエースアタッカーとして二十ポイント近くを叩き出した私は、まずまずの満足感を覚えながらびっしょりとかいた汗をタオルで拭っていました。

（さて、もう七時か……早く帰って晩ごはんの準備しないと、そろそろあの人が帰ってきちゃう）

と、夫の帰宅のことで頭がいっぱいだった私を、監督が呼びました。

「何でしょうか、監督？」私が訊くと、私がアタックをするときの空中でのバランスが悪いから、これから居残り練習をしろと言います。

「ええ～っ？」と、私は夫のこともあるし、異を唱えたんですが、絶対にダメだ、今日のうちにちゃんと矯正しておかないと本番で勝てないぞ、なんて言われたもんだから、そうなると私だって勝ちたい気は満々だったので、従うしかありません。携帯に電話してまだ仕事中だとまずいので、私は夫に「練習で少し遅くなりそうなので、外でゴハン食べて帰ってきて」とＬＩＮＥでメッセージを送りました。夫は私のママさんバレーの活動については応援してくれているので、たぶん許してくれると思います。

　そうこうするうちに他の部員たちは帰っていき、ガランとした体育館には私と監督の二人だけになりました。

「で、監督、私のどういったところのバランスが悪いんでしょう？」

　私が改めて訊いても、監督はしばらく黙ったままで要領を得ませんでした。

　実はこの監督、私が信頼していた前任者が家庭の事情で辞めたあとを引き継ぐ形で、ほんの二週間前にこのチームにやってきたばかりということもあって、正直どういった練習方針・バレー理論を持っているか、まだよくわかっていませんでした。

（大丈夫かなあ、この監督……？）それがウソ偽りのない私の本心でしたが、そう口に出すわけにもいきません。怪訝な思いを抱きながらも監督の答えを待っていると、

「じゃあ、まずユニフォームを脱いでくれないか？」

　返ってきたのは驚きの言葉でした。「……は、はあ？」私が訊き返すと、

「だから、上のユニフォームを脱いで、下着姿になってくれって言ってるんだ」

と、少し怒ったように答えました。言われたとおりにすると、私は上はブラだけ、下は黒いブルマだけの姿になってしまいます（汗で蒸れるのでパンティは穿いていませんでした）。マジか……と思いながらも、かつて実業団も指導した実績があるという監督のいうことを聞かないわけにはいきません。

私が仕方なく言われたとおりにすると、監督はようやく指導を始めてくれました。自分がボールを上げるから、私にその格好で飛んでスパイクを打てというのです。

（はいはい、やりますとも）もう開き直るしかありません。

私は監督が次々と上げるボールに対して、ブラ丸出しの格好で飛んで喰らいつき、スパイクしていきました。決して小さくはない自分のバストがブラ越しにブルン、ブルンと揺れるのがわかりますが、もう恥ずかしいとか言ってられません。

そうやって二十本は打ったでしょうか。なにせ三セットマッチの練習試合を戦った直後なので、私もさすがにバテてきて、肩でハァハァと息をしている状態です。でも、そのあとの監督の言葉に、さすがの私もド肝を抜かれました。

「よし、じゃあ次はその下着も外してくれ。上半身裸で続けるんだ」

「……え、ええっ⁉　監督、冗談はやめてくださいっ！」

「冗談なんかじゃない！　きみは胸が大きいのは自分でもわかってるだろ？　その大きな揺れが空中でのバランスを崩してるんだ。ちゃんと直にその揺れを見ないことには、正しいバランスに矯正できないんだよ！　それができれば、きみはもっとすごいアタッカーになって、来月の大会での優勝も夢じゃないぞ！」

　これは殺し文句でした。

　私は中・高と必死でバレーボールに打ち込んできたものの、これまで一度も大会での優勝経験がなく、それを成し遂げることが長年の夢だったから……。

「わ、わかりました！」一度でもいい、優勝の美酒を味わえるなら、多少理不尽な練習でもがんばれるわ！　乳ぐらいさらしてやろうじゃないの！

　私はブラを取り去り、大きな乳房をこれでもかと揺らしながらボールに向かって飛び、何度も何度もネットの向こうにスパイクを叩き込みました。

　そしてそれが百本を優に超えた頃、監督の声がかかりました。

「よし、そこまで！　うん、きみのバランス狂いの原因がわかったぞ！」

「ほ、ほんとですか、監督ぅ……？」

　そのときにはもう私、疲労困憊状態でした。膝はガクガク、腰もフラフラ、腕も上がらない状態で、よろよろとその場に倒れ伏してしまったんです。

するとそこへ監督が近づいてきて、すぐ脇でしゃがみ込むのがわかりました。そしてなんと、汗みずくになった私の乳房に触れ、ゆっくりと揉み回しながら、こう語りかけてきたんです。

「ズバリ、きみのバランス狂いの原因は欲求不満だよ。ここ最近、ダンナに満足に抱かれてないだろう？　全然、オッパイ揉まれたり吸われたりしてないだろう？　それで溜まりに溜まったフラストレーションが、上半身を中心に筋肉を固くしてしまい、全身に悪影響を及ぼしてしまってるんだよ」

（……え、ええ？　た、たしかにうち、ここ最近セックスレスだけど……そんなことってあるの？　この監督、何者？）

私は疲れで朦朧とする意識の中でそんなことを思っていましたが、続いて監督から与えられた刺激にビクッと反応してしまいました。

監督は私の左右の乳首を摘まむと、絶妙な指遣いで引っ張り、こねくり回し、ギュッと押しつぶすようにしてきたり……乳房の揉みしだきとの見事なコンビネーションで、次々と心地よい感覚を送り込んでくるんです。

「……あ、ああっ、か、監督……な、なにするんですかぁ？　あ、あたし……ヘンになっちゃうぅ……ん、んあっ、あ、はあぁっ……」

もう、否応もなく喉からこぼれ出す悦楽の呻き声を、どうにも止めることができませんでした。こんなにたまらない気分、本当に久しぶりです。

「よし、じゃあこれに触れれば、気持ちは高まると同時に、筋肉はもっと効果的にリラックスできるんじゃないかな？」

監督はそう言うや、おもむろにジャージズボンとパンツを脱ぎ、下半身丸出しになると、股間のペニスを私の手に握らせてきました。それはもうすでに七割がた膨張していて、私がギュッと強く握り込んで、亀頭のくびれを中心にこね回してあげると、すぐに完全に充血してフル勃起、先端から透明な液を滲み溢れさせてきました。私はそのぬめりを用いて、さらに激しくいやらしくペニスをしごいてあげます。

「……あ、ああっ、いい、いいよ、きみっ……このスムーズな手コキ感で、理想的に全身の筋肉がリラックスしてるのがわかるよ……うっ、うう……」

監督はいつの間にか、左手で私の乳房を愛撫しつつ、片方の右手を伸ばしてブルマの中に潜り込ませると、私のアソコの柔肉を掻き回していました。

「あはっ、ああ……か、監督、監督ぅ……ん、んぐふっ……」

私は昂る性感とエロ・テンションのままに、今度は首を伸ばして監督のペニスを口で咥え込んでいました。舌先を亀頭にからみつかせ、ヌルヌル、レロレロと舐めむさぼってあげて……ＭＡＸにまで勃起したペニスが、口内でビクビク、ブルブルと打ち震え、跳ね上がるのがわかります。

「おおっ、すばらしいテクニックだっ！　これなら市の大会も……いや、県大会制覇だって夢じゃないぞ！　優勝したいかぁ⁉」

「……んぱっ、はぁはぁ……は、はい……優勝、したいですぅ！」

「よしよし、だったら黙って私についてくるんだ！」

「は、はいぃっ！」

フェラを中断して、そう応えた私の脚からブルマを引き抜くと、監督は大きく開いた私の両脚の間に腰を当てがい、ついにその中心に勃起ペニスを突き入れてきました。

そして、最初っからフルパワーで豪快なピストンを繰り出してきました。

「あっ、あっあ……ああん、はあ、あ、ああっ……」

「おお、いいぞ、さすがエースアタッカー、この強靭な腰のバネ……私のカラダを弾き飛ばさんばかりだ！　こっちだって負けてないぞっ……はぁはぁ、私もかつては実業団のレギュラーで鳴らしたもんだ……おらっ、おらっ！」

「あひっ、ひっ、はう……か、監督、す、すごいですぅ……！　あ、あたし……もうこわれちゃう……ひあぁぁっ！」

「ばかもん！　このくらいでこわれてどうする⁉　エースアタッカーのプライドはどうした？　ほら、負けるな！　もっと喰らいつけっ！」

「あっ、あ……は、はいっ……んひぃっ！」

私は監督の叱咤に負けじと気合いを入れ直すと、そのピストン射撃を迎え撃ち、渾身のマン力でペニスを締めあげました。

「……くあっ、だ、だめだっ……私も……ここまでっ……！」

そう言ってついに監督は果て、私もその放出された大量の精を胎内で受け入れながら、久しぶりのオーガズムの海に浸ったのでした。

さて、監督によるこの独特な練習の甲斐あってか、問題のバランス狂いは矯正されたようで、目下私は絶好調です。この調子なら、マジ人生初の優勝を狙えそうです。

正直、監督の指導法に下心見え見えなのは百も承知ですが、結果がついてくればすべて無問題！　もうしばらく監督についていこうと思っている私なんです。

■これでもかとオマ○コをむさぼり倒されると、言いようのない後ろめたい快感が……

新婚後初めてのクリスマスイヴは元カレの腕の中でガンイキ

投稿者 柳いずみ（仮名）／23歳／OL

ほんと、やんなっちゃう！

私と将暉、二ヶ月前結婚したばっかりのまだ新婚ほやほや、しかも、夫婦になって初めてのクリスマスをまさにこれから迎えようっていうときに、将暉の会社ときたら四国に出張なんかさせるかあ⁉　しかも急ぎの商談だっていうことで、出張日程は土日を含んだ十二月二十四日から二十七日までの四日間……マジ、ぜんぶブチこわしじゃないの〜！

「がまんしてくれよ、いずみ。その代わり年末年始は二十九日から一月五日までのたっぷり八日間あるから、そこでちゃんと埋め合わせするからさ、な？」

って、将暉がそうでも、私の会社は三十日から三日までなの〜！

……はあ。

とかまあ、いくら文句言ったって、どうにもならないってことはわかっちゃいるんだけどね。夫婦揃っての宮仕え、上の命令には逆らえませんもの。

でも、二人でプレゼント交換して、私が腕によりをかけて作った料理を食べて、そしてたっぷりとロマンチックで官能的な夜を楽しんで……と、ほんとにすご～く楽しみにしてたもんだから、あまりにもショックが多きすぎて……。

そんなこんなで私は二十四日のクリスマスイヴの金曜日、仕事が終わっても誰もいない家に帰る気はせず、かといって友人は皆それぞれのクリスマスの約束で忙しくて誰もつきあってくれそうもなく、私はゾンビのような重い足取りで会社から最寄り駅へと歩いて向かっていたんです。

するとそのとき、スマホが鳴りました。

表示された相手は……なんと元カレの慎哉でした。

用件は、二人の共通の友人の連絡先を知りたいというもので、それはすぐに教えてあげましたが、それで電話を切ろうとする彼に向かって私は慌てて言っていました。

「ね、ねえ慎哉、今日いまからヒマ？　二人で飲まない？」

「ええっ、新婚ほやほやの新妻が何言ってんの？」

驚く彼に、私は正直に今の状況を話していました。

「とにかく、さびしくて、つまんなくてしょうがないの！　ねえ、おねがい、もしヒマだったら、私につきあって！」

必死でそう訴える私の声のニュアンスには、もちろん、ただ飲んで話すだけじゃ収まらない飢餓感が含まれていたことでしょう。

そう、昔のよしみで抱いてほしいという……。

お互いに結婚相手としてはあまりリアリティが感じられず、別れてしまった私たちですが、カラダの相性はすごくよかったんです。ことセックスに関しては、将暉よりも慎哉のほうがよかったくらい。

結局、慎哉はすぐに私のマンションまで来てくれることになりました。外のお店より、私が今住んでいるところの空気を感じながら飲みたいと言って。

その言葉の真意が、私にはすぐにわかりました。

それは部屋の中に漂う、そこにはいない私の夫の存在を感じ、その背徳感を刺激にしながらセックスを楽しみたいという……慎哉には、昔からそういう歪んだ悪魔めいたところがあったんです。ね、結婚相手としては「ない」でしょ？（笑）

でも私は、正直ドキドキしてしまいました。

先に自宅マンションに着き、待ちきれない思いでいると、十五分後、慎哉がバイクを飛ばしてやってきました。

そしてお酒を酌み交わすのもほどほどに、私たちは裸になって浴室に向かいました。ボディシャンプーを泡立ててお互いの体を洗い、流し合うと、私はおもむろに彼の前にひざまずいて、勝手知ったるペニスを咥えました。なつかしい舌触りと形状をじっくり味わうようにねぶり回すと、「ん、んんく……」と甘く呻きながら、彼は私の口の中でそれを固く大きく膨張させていきました。見る見るフル勃起したそれは私の喉奥を突き、思わずその苦しさに喘いでしまいましたが、そこにはまちがいなくなつかしい愛しさがありました。

ああ、将暉、ごめん……私いま、申し訳ないけど、心底、慎哉のこれが欲しいの！

そう心の中で夫に謝りつつ、私は猛然とフェラの強度と速度を上げていきました。

「あ、ああ……う、う……い、いずみぃ……最高にキモチいいぜ……おまえ、まだまだテクは衰えてないな。さあ、もうそろそろおまえとダンナの寝室に行こうぜ。夫婦にベッドに、俺の濃ゆ〜いザーメンぶちまけてやるからさ」

慎哉のそんな冒瀆じみた言葉が、ますます私の欲望と興奮を煽ってきました。

ほんと、相変わらずろくでもない奴だけど、それがまたサイコー！

私たちは二人もつれ合うようにして浴室を出て、夫婦の寝室に行くとダブルベッドに倒れ込み、即座にシックスナインの体勢になりました。慎哉が仰向けになり、私が上から覆いかぶさる形で、お互いの性器を口で捉えます。

「んあっ……あ、はあっ……はひぃ……！」

ジュルジュル、チュパチュパ、ピチャピチャ……クリトリスを吸われ、肉ひだをしゃぶられ……ベッドに染みついた夫の匂いを感じながら、慎哉にこれでもかとオマ◯コをむさぼり倒されると、言いようのない後ろめたい快感が全身を貫きました。私は負けじと玉袋を摑み転がしながら、ペニスを激しくしゃぶりたてました。

「……んあっ、あ、ああ……んぐぅ……！」

慎哉のそれがもうこれ以上ないほど、今にも暴発せんばかりに膨張したかと思うや否や、彼は私の体を起こして四つん這いにさせ、腰をしっかり摑むとバックから荒々しく挿入してきました。

ズブ、ズブブ……ヌブ、ジュブ……ズップ、ヌップ、ジュップ……

「ひあぁ、あ、ああん……はひぃ、ひあっ、あん、あん……！」

「ああ、いいぞ……やっぱり、いずみのオマ◯コ、最高だ……し、締まるぅ！」

いえいえ、こちらこそ！

というかんじで、昔さんざん悦ばせてくれた慎哉のモノの存在感を、久しぶりにこれでもかと味わいながら、私はヨがり悶えていました。

そしていよいよクライマックスが昂ってきました。

なだれを打ってエクスタシーが押し寄せ、私のカラダの中でいくつもの快楽の火花が、パチパチと弾け散りました。

「あううう、い、いずみぃ……ぶっ放すぞ〜っ！」

「んああっ……き、きてきてっ……あああ〜〜〜〜〜〜っ！」

お互いにフィニッシュし、そのとき私と彼は、ときをさかのぼって当時の愛し合う恋人同士の二人に戻っていました。

心もカラダも最高に満たされた瞬間でした。

帰っていくとき、最後に慎哉は言いました。

「俺が言うのもなんだけど、ダンナ、大事にしてやれよ。もうこんなことするんじゃないぞ？」

「了解、今日はどうもありがとうね。じゃあ、さよなら」

そう応えた私なのでした。

■彼女は仰向けになった僕の上にまたがり、しっかりとアソコでペニスを咥え込み……

一夜の宿で激しく愛し合った忘れ難い冬の思い出

投稿者 吉岡康明（仮名）／30歳／エンジニア

担当している工場の生産ラインのシステムが異常を来し、とりあえずその場のトラブルは回避されたものの、一度全システムのチェック&メンテナンスをしたほうがいいだろうということで、工場が年末の休みに入ったタイミングを見て、僕がその任を負って一人現地に向かうことになりました。

午前中に駅に着くと、前回の二ヶ月前に点検に訪れたときよりも、街がさびれているような気がしました。数少ない商店は閉まり、人通りもあまりなく……元からの地方の過疎化に加えて、例の感染症の問題で余計に影響を被ってしまったようでした。

それから工場に向かい、全システムのチェック&メンテナンスの作業を無事に終えた頃には、もう夜の九時を回っていました。さすがに疲れました。

僕はそれから、事前に聞いていた近場にある古い大きな民家に向かいました。今晩の宿です。もうこの時間になると東京に戻る電車もなく、一泊せざるを得ないのですが、なにせ田舎の小さな町にはホテルや旅館などなく……工場関係者に頼んで、一宿二飯をお願いできる一般家庭を頼んでおいてもらったのです。

その家を訪ねると、僕より少しぐらい年上かと思われる女性が出迎えてくれました。弥生さんと名乗った彼女はこの家の一人娘で、介護を必要とする七十歳すぎのお父さんとの二人暮らしだといいます。お母さんも長く病気を患った末に昨年病気で亡くなったということで、「そんなこんなで、両親の世話にかかりきりで、すっかり婚期を逸してしまったんですよ」と、笑いながら自虐的に話してくれましたが、その顔にはそういった介護疲れのような荒んでくたびれた影はないものの、どこか寂し気な憂いが漂っていました。

僕は正直に思いました。

こんな魅力的な女性が独身で、しかもこんなさびれた場所で老いたお父さんの介護のために生きてるなんて、なんてもったいない話なんだろう、と。それぐらい彼女はきれいで、そしてその衣服の下に隠された肉体もさぞかし豊かなのだろうと想像させる、艶めかしい雰囲気をまとっていたのです。

まあ、一晩お世話になるだけの僕がそんな心配をしても、余計なお世話というものです。彼女は彼女なりに自分の人生に納得して生きているのでしょうから。「よろしくお願いします」そう言って、僕は彼女に案内を頼んだのでした。

決して豪華ではないものの、手ずからの心のこもった夜食をごちそうになり、時計を見るともう十一時になろうとしていました。正直、長時間労働の疲れをとるためにも熱いお風呂に入りたかった僕だったものの、さすがに彼女にそんな手間はかけられないな、と寝床への案内を頼んだのですが、なんと彼女は、

「あの、お風呂が沸いていますから、ぜひ入ってください。さぞお疲れでしょうから」

と言い、僕が東京で暮らしてるワンルームマンションのユニットバスの三倍近くはあろうかという、大きな浴槽を擁した風呂場に案内してくれたのです。

（なんていい人なんだ……）とっても嬉しかった僕は、儀礼的に一応遠慮することすら忘れ、喜び勇んでその好意に甘えてしまいました。

「じゃあ私はその間、この先の父の部屋でもろもろ介助してますので、何かあったら大声で呼んでくださいね」

「はい、本当にありがとうございます」

彼女を見送った僕は脱衣所で服を脱ぎ、風呂場に入ると体を洗い、そのあとゆっくりと、程よく熱い湯船に身を沈めました。

「くぅ〜っ、気持ちいい〜……サイコ〜〜っ！」

そうして僕は、あまりの心地よさに、いつの間にかうとうとしてしまったようです。居眠りしているうちに、ズルッと体が湯船に口のところまでずり下がり、その瞬間にハッと目覚めた僕でしたが、目の前の予想だにしない光景に、たちまち頭が真っ白になってしまいました。

なんと広い浴槽の中、僕の前には弥生さんが、もちろん一糸まとわぬ裸の姿でひざまずき、こちらの顔を覗き込んでいたのです。

「……え、ええっ？　あ、あの、な、なんで……？」

「お邪魔だったかしら？　迷惑ならすぐに出ていきますけど……」

「い、いや……迷惑だなんて、そんな……ぜんぜんっ！」

「うふ、よかった」

うろたえながらも、その思わぬ行幸に声を弾ませながら応えると、彼女は僕の唇に口づけしながら股間に手を伸ばし、ペニスに触れてきました。そして舌を差し込んできてピチャピチャ、クチュクチュと僕の舌にからませ吸いながら、お湯の中でゆっくりとペニスを揉みしだいてきて。

「……んっ、ふぅ……んくぅ……」

脳天が甘く痺れるような感覚に見舞われ、僕は自分のペニスがまたたく間に膨張していくのがわかりました。

「……んふっ……ああ、とっても大きいのね。うれしいわ……男の人のこれに触れるのなんて、一体もう何年ぶりかしら？　太くて、固くて、でも熱くドクドクしてて……やっぱりすてきなさわり心地……すてき……」

そう言って彼女がペニスへのしごきを大きくしていくリズムに合わせて、その豊満な乳房もタプタプとお湯の中で大きく揺れたゆたい……えも言われずエロチックな光景に、僕はますます昂り、より一層ペニスを怒張させてしまいました。

「ああ、すごい、また大きくなった！　いいわ、オチン○ン、最高よ！」

彼女は嬉しそうに言うと、さらに激しく僕の唇を吸い舌をむさぼりながら、ペニスをしごく手の動きをさらに激しくしていって……！

「……んんっ、ぐっ、うう……んぐっ！」

僕はたまらず、お湯の中に精を放出してしまいました。

「あ、ああ……あ、あ……」

あまりの気持ちよさに、惚けたような声しか出ない僕に、

「うふ、いっぱい出してくれたみたいで嬉しいわ。でも、まだまだいけるわよね？」

そう言うと、彼女は僕の手をとり立たせ、脱衣所のところでお互いの濡れた体をバ

スタオルで拭いた後、二階の部屋へと案内してくれました。もちろん、二人とも全裸のまま、ギシギシと階段を鳴らしながら。

そこにはもう、ちゃんと布団が敷かれていました。

彼女は言いました。

「さっきもうあんなことしちゃったあとに言うのもなんだけど、迷惑じゃなかったかしら？　ごめんなさいね、あなたがあんまり私の好みだったものだから、どうにもじっとしていられなくなって……」

「迷惑だなんてとんでもないです。僕も弥生さんのこと、一目見たときから好きでした。僕でよかったら、今夜一晩、たっぷり愛させてください」

「ああん、嬉しいわぁ……」

そして僕たちは布団の上にもつれ合うようにして倒れ込むと、シックスナインの体勢でお互いの性器をむさぼり合いました。彼女のそこは、やはりあまり使い込まれていないからでしょう、年齢のわりにはきれいなピンク色につやめき、僕が肉ひだを舐め上げると、淫肉をピクピクと震わせながら大量の汁を溢れさせました。

「あ、あっ、ああん……きもちいい、ああ、あ……あうぅ……」

そう淫らに喘ぎながら、彼女のほうも僕のペニスを一心不乱にしゃぶってくれて、さっきの射精を感じさせないほどに、また勢いよくいきり立ってきました。

「ああ、早く……オチン○チン、早くここにちょうだいっ！」

声を張り上げるようにそう言うと、彼女は仰向けになった僕の上にまたがり、しっかりとアソコでペニスを咥え込み、狂ったように腰を振り始めました。

「あああっ、ああ、いいっ……んあっ、ああん……はぁっ……！」

「ああ……くぅっ、弥生さんの中、熱くて……すごい締まるぅ！」

今度の僕はなかなか長持ちし、二回目の射精をするまでの間に彼女は三～四回はイッてしまったようです。

そうやって夜中の二時くらいまで、あれこれと愛し合い、乳繰り合ったあと、僕は弥生さんを腕枕しながら眠りにつきました。

翌朝、今度はおいしい朝食をごちそうになった僕は、また必ずやってくることを彼女に約束して、東京へと戻ったのでした。

■彼の愛撫でオッパイをギンギンに感じさせながら、私は無我夢中でフェラして……

地元の元カレと愉しんだ思い出のスイート・エクスタシー

投稿者　内川玲（仮名）／28歳／パート

なんだかダンナとうまくいかなくなっちゃって、とりあえず別居しようってことになって……年末年始、ひとりぼっちでいてもしょうがないんで、いつもは暮れからお正月の三が日にかけては向こうの実家に帰省するんだけど、今年は私一人で自分の実家に帰ることにしたのね。

「もう～、しょうがないわね～」

母親はそんなふうに言いながらも、久しぶりに一人娘と水入らずで過ごせることが嬉しいみたいで、なんだか顔がほころんでる。父親も……まあ、元々無口なほうだから表には出さないけど、同じようなかんじなんじゃないかな。

で、一生懸命に大掃除手伝ってあげて、大晦日は皆で年越しそばを食べて、あと、私はお笑い特番を観たかったんだけど、まあこれも親孝行かなと思って、両親につきあって紅白いっしょに観てあげて……いいかんじで年の瀬を過ごしたあと、晴れてハッピーニューイヤー！

朝は年賀状チェックする両親の横で、おとそ飲みながらおせちを摘まみ、い～い気持ちで少し酔って……そして、午後になってから、せっかくだから初詣に行こうかなって思って、両親も誘うと、自分らは三日に町内会の皆と一緒に行くからいいってすげなく断られて（笑）。しょうがない、一人で行くかってね。

てくてく十五分ほど歩いて地元の神社に行くと、天気もよかったので、お参りの人出もまあまあ。といっても田舎なので、都会の大混雑には程遠く、順番待ちの参道に五分ほど並んだぐらいで、さっさとお参り終了！

（ダンナとうまく仲直りできますように）

年始の祈願としては、ちょっとしょぼい願いかと思ったけど、実際、今いちばんの自分の懸案事項だから、まあしょうがないでしょ。

そうして、さあ帰りましょ、と神社の鳥居をくぐった、そのときのこと。

「あれ、玲じゃない？　ああ、やっぱ玲だ！　久しぶり！」

そう私の名を呼んできたのは……なんと元カレの俊太だった。

まだ私が結婚する前、こっちの地元の短大に通っていた頃、一年ほどつきあった相手。ちなみに、もちろん普通に肉体関係はあったわ。それもけっこう頻繁に。最終的に私の就職の兼ね合いとかあってすれ違うようになり、別れることになったけど、決して悪い関係性じゃなかった。特にカラダの相性は……。

「なんだ、こっちに帰ってたんだ。ダンナは？　一緒じゃないの？」

あっけらかんと聞いてくる彼に対して私が正直に経緯を話すと、

「そっかあ……まあ、そういうこともあるわな。結婚って大変だね」

と、さりげない口調で私に気を遣うように返してくれて……ああ、やっぱこういうやさしいとこ、変わってないなあ……なんて、恋人同士時代のいいイメージがよみがえってきちゃったりして。

と、そこで俊太が思わぬことを言ってきた。

「おれ、今日、地元のツレの連中と初詣に来たんだけど、もうお参りも終わったし、中にはこれから仕事ってヤツもいるから遊べないし……なあ、玲、よかったら今からおれとドライブにでも行かない？　こっちのほう見て回るのも久しぶりだろ？」

マジ？　仮にも人妻の私を、元カレがサシでドライブに誘うなんて……これって完全に再会エッチするフラグ立ってない？　ど、どうする、私？

なんて葛藤したのも、ほんの一瞬。

「うん、いいね！　つれてって！」

私はそう答え、家にちょっと遅くなる旨の連絡を入れてた。

葛藤するアタマよりも、あの頃のキモチよかったカラダの記憶のほうが完全に勝っちゃったってこと。

そして一緒に来ていたツレ連中に彼が断ったあと、私は彼の車の助手席に乗り、走り出したその心地いい振動に、心浮き立たせながら身を任してた。

それから山道に沿って三十分ほど走っただろうか。葉がすっかり落ちた木々が生え並ぶ奥まった一角に、彼が車を止めた。

こっちを向いて彼が私の目を見つめる。

もちろん、私はすぐにわかった。

ここは昔、二人でよくカーＳＥＸをしにやってきた忘れがたいスポットだ。

「……いいかな？　もし抵抗があったら無理強いはしないけど……」

と問う彼に、私は微笑んで答えた。

「いいよ。私もそうしたいって思ってた」

「そうか。玲、今でも好きだよ……」

私たちはシートベルトを外し、キスを交わした。ねっとりと唾液の糸を引かせながら、お互いの愛し合った記憶を慈しむように……。

「ああ、俊太ぁ……」

私は彼のズボンのジッパーを下げ、中の下着をこじ開けるようにして、馴染み深いペニスを取り出した。まだキスを交わしただけなのに、もうビンビンに硬く勃起して……それだけ私のことを欲してくれているのだと思うと、すっごい嬉しかった。私は背をかがめると、それを思いっきり心をこめてしゃぶってあげた。こうしてあげたら悦んだよなあ、と思い出しながら亀頭の縁をレロレロ、チュパチュパ。

「……あ、あああっ、れ……玲……っ！」

そう喘ぎながら、俊太のほうも手を私の胸元に伸ばし、セーターをずり上げて中のシャツのボタンを器用に外すと、ブラのカップの隙間に手を滑り込ませ、乳房を揉みしだき乳首をコリコリ摘まんでくる。あまりオッパイが大きくないからこそカップが浮いてこういうこともできる……ちょっと貧乳の私ならではの利点だね！（笑）

「んあっ、はぁ……んじゅぶ、んぱっ、じゅぶっ……はっ……」

「ああ、あぅ……んんう、玲……いいよ、気持ちいいっ……」

俊太の愛撫でオッパイをギンギンに感じさせながら、私は無我夢中で激しくフェラの上下ピストンを繰り返し、それに応じて彼のペニスも限界までみなぎって……お互いにあっという間にたまらなくなっちゃった。

「ああん、もう俊太のオチン◯ン……私のオマ◯コに欲しいよぉっ！」

「はぁはぁはぁ……お、おれも玲の中に……入れたいっ！」

そして私たちはフロントシートのリクライニングを二つとも大きく倒すと、そこに寝そべった俊太の上に私がパンティを脱いで乗っかり、自分で彼の勃起ペニスを摑み、角度を調整しながら上からオマ◯コで咥え込んでいった。

ズブ、ズブブ……ジュブ、ヌププ……ズッチャ、ヌッチャ……。

私はそのままリズミカルに腰を上下に撥ねさせ、ペニスの肉感を思う存分味わう。

俊太もそれに合わせて下から腰を撥ね上げて、私の淫らなぬかるみを突きまくる。

「ああん、あっ、あ……も、もうイッちゃう……イッちゃうよおっ！」

「ううっ……玲……お、おれももう……で、出るぅ！」

「そ、外でっ！　……中に出さないでぇっ……！」

彼はその瞬間、ペニスを抜いて膣外射精してくれた。

こうして、私は昔の甘美な思い出の中、スッキリとイキ果て、沈みがちな気分をリフレッシュできたというわけ。ほんと、持つべきものは元カレだね！

第三章　真冬の快感に燃えて

■私たちは際限なく昂る興奮と快感のまま、今度は指を使ってお互いの肉壺の中を……

不妊に苦しむ女同士が結ばれた淫らなクリスマスイブ

投稿者 茂野さとみ（仮名）／34歳／専業主婦

私には、同じマンション内に仲のいい主婦友のマリさんがいました。

「いました」と、過去形にしているのにはワケがあります。

これからそのことについてお話ししたいと思います。

同じ棟の同じフロアに住む私とマリさんは同じ歳で、さらにお互いにジャニーズ好きということで、親しくつきあうようになるのに時間はかかりませんでした。でもそれは、決して明るい面だけでなく、ある種のつらさと悲しみに根差したものでもあったんです。

お互いに子供がいない、これです。

三十四歳の既婚女性といえば、世間的には子供の二人や三人いて当たり前、多くの人がそう思っているのではないでしょうか。でも、私とマリさんだってすごく子供は欲しいのに、不幸なことに授かることができなくて……いくら夫が「そのうちできるから焦らなくていいよ」とか「世の中には子供のいない夫婦だっていくらでもいる。二人で幸せに暮らしていければいい」などと言ってくれても、姑ほかの親族や周囲はそういうわけにはいきません。「孫はまだなの？」「夫婦でつくらないようにしてるの？　先々寂しくなっちゃうよ？」などと、ことあるごとに非難めいた言動でプレッシャーをかけられて……そのたびに私もマリさんも、どれだけ苦しく悲しい思いをしてきたことか……！


そんな同じつらさと悲しみを共有する者同士だからこその深い心の絆。

それが私たちを強く結びつけていたといってもいいでしょう。

でもまさか、それがあんな形で私たちの関係性を変えてしまうなんて……！

それは去年のクリスマスイブのこと。

お互いの夫が仕事で帰りが遅いということで、私とマリさんは女二人だけでパーティーをしようということになりました。場所はマリさんの家です。

二人で手分けしてシャンパンなどの飲み物や料理、ケーキを持ち寄り、乾杯から始まって、楽しくなごやかに時は過ぎていきました。

そして時刻も夜十時近くなり、私は「じゃあそろそろ夫も帰ってくる頃なので」と言って、辞去しようと腰を上げました。するとマリさんが突然、

「だめ、さとみさん！　まだ帰らないで！　私と一緒にいて！」

と声をあげるや否や、私に追いすがってきたんです。

私は彼女のその、あまりにも切羽詰まった尋常でない雰囲気に驚き、

「ど、どうしたの、マリさん？　大丈夫？　ねえ、落ち着いて」

と、慌ててなだめようとしたのですが、彼女はさらなる驚きの行動で私に衝撃を与えてきたんです。

「さとみさんっ……！」

ひときわ大きくそう呼ぶや否や、私の唇をキスでふさいできて……！

「……!?」予想だにしない展開に目を白黒させて驚きながらも、私は懸命に自分にしがみついたマリさんの手を外そうとしました。

でも、離れません。

それどころか彼女の行為はさらにエスカレートし、無理やり私の唇をこじ開けると、その長い舌を突っ込み、私の舌にからみつけてきたんです。ジュルジュルと吸いたて、おかげで口内は唾液で溢れ、彼女はそれをングングと飲み下しながら、ますます淫らに強烈に吸引してきます。

「……んあっ、あ、はぁっ……！」

そして同時に彼女の手は、セーターの上から私の胸を鷲掴み、ブラごと強引に揉みしだいてきました。でも、それだとさすがに無理があったのか、すぐに私のセーターをめくり上げて片手で器用にブラを外すと、今度はナマ乳に指を喰い込ませてきました。そして相変わらず私の唇をむさぼりながら、乳房を揉み回してきて。

「……んあっ、はっ、んんっ……ふうっ……！」

さすがの私ももう抵抗することに疲れ、さらに増していく一方の妖しい陶酔感に呑み込まれるばかりで、全身が恍惚としてきました。そのうち完全にマリさんにされるがままに身を預けるようになってしまい……。

すると、私のその変化を感じとったマリさんがキスをやめて、でも私の両方の乳首をコリコリといじくり回しながら、語り始めました。

「ごめんね、さとみさん、いきなりこんなことして。でも私、もうダンナと……ううん、男とセックスするのがイヤなの！　男とセックスするって、同時に子供をつくるって前提じゃない？　妊娠することを期待されて……それがもう耐えられないの！　私なんて一生子供なんてできないに違いないもの。だったら、子供ができることのない女と……あなたとセックスしたいわ！」

「マリさんっ……んっ、んんう……」

乳首への愛撫に喘ぐ私の心に、マリさんの魂の叫びが刺さりました。

「ね、さとみさんだってそうじゃない？　女と……私とセックスしたいよね？」

「……はぁっ、あ……わ、私も……マリさんのこと、好きよ……」

甘美な快感の蠕動に侵食されるように、私はそう応えていました。

正直これまで、もちろんマリさんを恋愛の対象として考えたことなどありませんでしたが、さっき吐露された、子供ができない女としてのその本心は痛いほどわかりました。だから多くは、そんな同情心が私に言わせたセリフかもしれません。

「ほんと？　うれしいっ！　さとみさんも私のこと、愛してくれる？」

マリさんは喜びに顔を輝かせると、自分も服を脱ぎ始めました。雪のように白い美肌と、それとは対照的に黒々と生い茂った股間の草むら、そしてたっぷりと豊かな乳房は、思わず見とれるほどに魅惑的でした。

私も改めてちゃんと全裸になり、二人で抱き合いました。

再び唇を重ねて舌をからませ合いながら、お互いの胸を密着させていき……それほど大きくはありませんが、昔から美乳だといわれてきた私のオッパイがマリさんの豊乳に包み込まれるように触れ、双方の乳首がそれぞれそれを押しつぶすようにくっつき……ビリビリと心地よい電流が通じるような陶酔がありました。

「あ、ああ……マリさんのオッパイ、大きくて柔らかい……」

「はふう……さとみさんのもステキよ。まるで吸いつくみたいに滑らかな胸。ねえ、舐めてもいい？」

私の返事を聞くまでもなく、マリさんは身をかがめて私の乳首を舐め回し、吸ってきました。ちゅうちゅう、ちゅくちゅく……男とは全然違う、女性ならではのソフトで細やかな舌触りでねぶり責められ、私の全身をゾクゾクするような甘美な震えが走りました。

「……あ、ああっ、マリさん、いいっ……はあん、あ、ああ……あ、あたしにもマリさんのオッパイ、吸わせてえっ！」

たまらず私も彼女の胸にむしゃぶりつき、その豊かな乳房を揉みしだきながら、大粒の乳首を吸いたて、ときに甘噛みして愛しました。

「あひっ！　さ、さとみさんっ……感じるっ……んあっ……」

二人の官能テンションは高まる一方で、それから私たちは女同士のシックスナイン・プレイへとなだれ込んでいきました。

私は彼女の黒い密林を鼻先で掻き分けると、その奥から現れた黒味がかった赤色の蜜肉を舌と唇で蹂躙し、ドクドクと溢れ出る淫らな肉汁を啜り飲みました。

マリさんのほうも、彼女とは対照的に恥毛の薄い私のそこの肉裂に舌を差し込み、ぴちゃぴちゃ、みちゅみちゅと、えぐり責めてきました。

「あ、ああっ、はあっ……いいっ、いいのぉっ！」

「ああ、はあ……マリさんっ……！」

そして私たちは際限なく昂る興奮と快感のまま、今度は指を使ってお互いの肉壺の中を激しく抜き差しして……！

「ひゃぁっ、イク……イクわ、さとみさん……っ！」

「ああん、あたしもっ……あたしもイッちゃう～～～～っ！」

それから二人とも二度、三度と達しまくり、淫靡なクリスマスイブの宴は幕を下ろしたのでした。

こうしてこの夜を境に、私とマリさんの関係性は、単なる仲のいい主婦友から、誰にも言えない秘密と想いを共有する『淫友』へと変わったというわけです。

■係長は私の乳首を舐め回しながら、股間の濃い茂みを搔き分けて指を差し込んで……

お正月のオフィスで上司との魅惑の秘めごとに耽って

投稿者　新垣ひとみ（仮名）／25歳／OL

まだ正月気分真っただ中の一月三日。

自宅マンションで夫と二人くつろいでいるとき、ピョコン、と私のスマホのLINEメッセージの着音が鳴った。

「ん？」と見てみると、会社の直属の上司・森係長（三十三歳）からだった。どうにもいや〜な予感を抱きながら内容を読むと、案の定、そのいやな予感は大当たり。

本来なら会社の仕事始めは五日からだったが、急に取引先から年明け早々の仕入れ業務について問い合わせがあり、仕方なく係長が一人出社してPCで確認および対応作業をしようとしたら、誤って関係データを壊してしまったときた。

新垣さん、今から出社して対処してもらえないかって……。

マジか……ほんと、あの係長ったら、PC関係はいつまで経っても私頼りなんだから……は〜っと深いため息をつきながらも、放っておくわけにもいかず、私は「承知しました。これから向かいます」と返信し、夫に事情を話した上で手早く身支度をして会社へと向かった。

あ〜あ、本当は今日、早い時間から夫と二人で姫始めする予定で、けっこう昂ってたんだけどな……しょうがない、夜までガマンね。

それから一時間後、会社に着きオフィスに入ると、デスクに寂しげに係長が座っていて、私の顔を見るとパッと顔を輝かせて出迎えてくれた。

「待ってたよ〜、新垣さん！　おれ、ちゃんと操作したつもりなんだけど、なんだかおかしなことになっちゃって……どう？　ちゃんと直せる？」

仔細を確認してみると、取り返しがつかないってこともないけど、それなりに手ごわい作業が必要になりそうなかんじ。

「そうですね……三時間くらいあれば、なんとか」

「ほんと⁉　よかった！　ありがとう！　新垣さんだけが頼りだよぉ！」

知ってますって。

でもまあ、森係長って、見た目けっこうイケてるくせに、中身はちょっとヌケてるとこがあって、そのギャップがなかなか悪くないのよね。憎めないっていうか、かわいいっていうか……おっと、いかん、いかん！　今はそんなことより、さっさと作業に当たって、早く家に帰ってダンナと今年最初の合体をエンジョイするのよ！

それから二時間半ほど後、思ったより早く作業を終わらせた私に対して、

「いや～、ほんと助かったよ、新垣さん！　特別手当を出すっていうわけにもいかないけど、せめてこれでも飲んで疲れを癒してよ」

係長はそう言うと、買ってきた冷えた缶ビールを差し出してきた。私はあまりアルコールに強くないので遠慮しようかと思ったんだけど、ニコニコやさしく笑ってる係長の顔を見てると、それも悪いかなと。結局受け取って、プシュッと開けて係長と乾杯を交わし、ゴクリと喉に流し込んでた。すると、やっと一仕事終わらせた解放感からか、ビールは思いのほか美味しくて、私はついつい続けて喉を鳴らしていって……

あれ、なんだかちょっと酔っちゃったかな？

辛うじて三百五十㎖缶一本をどうにか飲み干し、帰ろうと立ち上がった私だったけど、酔いが足にまできていて、グラリとよろめいてしまった。

「おっと、あぶない。大丈夫、新垣さん？」

係長はそんな私の腰に手を回して体を支えてくれたんだけど、あれ？　なんだか様子がおかしい。係長、すっごい真剣な目で私の顔を凝視してる。ちょ、ちょっと、これってヤバくない？　雰囲気ヘンなんですけど……。

と思ってると……あっ！　やっぱりキスされた！　すごいきつく抱きしめられて体が動かせない……ああ、舌が入ってきて、からみついて……そ、そんなに吸わないでぇっ！　頭がぼーっとしてきちゃったよぉっ！

四、五分に渡ってたっぷりと私の唇をむさぼったあと、ぷはっと口を離すと、係長は抱きしめた私の背中からお尻にかけてを激しくまさぐり回しながら、言った。

「いや、いくらなんでも缶ビール一本でお疲れさまってわけにはいかないよね？　だから、おれの持てる力すべてを尽くして、新垣さんのことを悦ばせてあげようと思うんだ。いいよね、それで？」

「……え、何言って……？　いいです、そんなの……んんっ！」

私の言葉は再びの激しいキスでさえぎられ、全身から押し寄せる荒々しい圧力に、気持ちも体も、見る見る抵抗する力を失くしていった。

そんな私を、係長はそのままオフィスの隅のほうに引っ張っていくと、今は誰も使っておらず、机上に何も置かれていないデスクの上に仰向けに横たえた。そして、まだ少しは抗うようにもがく私の手足を巧みにさばきながら、服のボタンを外しブラジャーを取り去り、全面をはだけてオッパイを剝き出しにしてしまった。さらに下のほうにも手を伸ばし、スカートを脱がしストッキングもパンティも剝ぎ取って……下半身をスッポンポンにされてしまって。

「うん、思ってたとおり、形のいいきれいなオッパイ。下のほうは……イメージよりちょっと茂みが濃いかな？　でも、これはこれでとっても魅力的だよ」

そう言うと、係長は私の乳首を舐め回しながら下のほうに手を伸ばし、その濃い茂みを掻き分けて指を陰肉に差し込んできた。そして最初はゆっくりと抜き差ししながら、だんだんと激しく出し入れさせてきて……ヌッチャ、グッチャ、ズチュッ、と湿った淫音が大きくなっていくとともに、全身をたまらない快感が包んでいく。

「……っあ、あふ、んんっ……はぁっ……あん、あん……」

「いいよ、感じてるんだね。すっごい濡れてきた。オマ○コもうドロドロだ。そうだ、よかったら、おれのチ○ポ、咥えてみる？　もっと興奮できると思うよ？」

係長の言葉に私は躊躇なく応じ、ズボンのジッパーを下げて取り出された、そのすでに大きくなったペニスに食らいつき、しゃぶり始めていた。

「ああっ、いい！　新垣さん、フェラ上手いね。こんなのすぐたまんなくなっちゃうよ……う、ああ……はい、そこまで！」

係長はきっぱりとそう言うと、すっかり勃起したペニスを振り回しながら手早く服を脱ぎ始め、とうとう全裸になった挙句、私の上に覆いかぶさってきた。

「はい、新垣さんのマ〇コに、おれのチ〇ポ、入れさせてもらいます！」

丁寧にそう宣言するや否や、私の陰肉を穿ち、濡れた花びらをめくり上げて力強く挿入されてくる、太くて固い肉塊の存在感……！

「ああっ！　あひ、ひっ……んああっ！」

「はぁはぁはぁ……ああ、新垣さん、いい？　いいのかい？　おれのチ〇ポ、キモチいいかい？　ん？」

「あ、ああ……はい、き、きもちいいです……ん、んあっ！」

そうして十分以上に渡ってピストン挿入され、私は三回はイッてしまったのじゃないかと思う。そのあとようやく、「うっ！」と一声唸ると、係長はペニスを引き抜き、私のすべすべしたお腹の上にドピュドピュと精液をほとばしらせた。

すべてが終わったあと、係長はいつものニコニコ笑顔で私を見送ってくれた。

「新垣さーん、今日は本当にありがとう！　これからもよろしくねー！」

私はそのあまりの屈託のなさに苦笑しつつも、ますます彼のことを嫌いになれない自分にあきれ、なんだかあったかい気持ちになっていた。

■濡れた瞳に吸い込まれるように顔を寄せ、彼女の唇をむさぼるように吸ってしまい……

隣家のフェロモン過剰奥さんの肉の誘惑に負けた僕

投稿者　木崎洋一郎（仮名）／34歳／会社員

その日、僕は仕事が終わったあと、余裕を持ってだいぶ遅めに自宅マンションに帰りました。今朝、妻の美優からこう聞いていたからです。

「今日、お隣りの奥さんと、主婦友二人で新年会をやろうっていう話になったの。スタートはお互いの家事なんかが一通り終わったあとの夕方五時からだから、そうだなあ、あなた、申し訳ないけど帰ってくるの八時以降にしてくれないかしら？　あと、晩ごはんは外で済ましてきてね」

「おいおい、いきなりだなあ。まあ、いいよ。二人でお互いのダンナの悪口でも言い合って、日頃の憂さを晴らすといい。たっぷり楽しみなよ」

僕はそう答えながら、お隣りの奥さん……志保さんのことを思い浮かべていました。歳は確か美優の一つ上の三十二歳。男ごころをくすぐる色っぽい美人で、未だにちょっとギャルっぽいところのある美優とのギャップゆえか、これまで二～三度しか顔を合わせたことはないけど、とても強く印象に残っていました。

ちょうど成人の日も終わった一月も下旬、まだまだ寒さの厳しいその日、僕は美優に言われた八時よりもずっと余裕を持ち、十時近くに玄関ドアのチャイムを鳴らしました。するとすぐにドアが開けられたものの、僕は驚きました。

「お帰りなさい、お疲れ様です」

と言って僕を出迎えてくれたのは、美憂ではなく、なんとお隣りの志保さんだったのです。相変わらずぷっくりとした色っぽい唇にやさしい笑みを浮かべて。

「美優さんのご主人、ごめんなさいね。びっくりしたわよね？　とっくに帰ってるはずの私がこうして出迎えるなんて……それがね、美憂さんたらよほど楽しかったみたいですんごい飲みすぎて、完全にダウンしちゃったの。で、私も放っておくわけにもいかないじゃない？　美優さんが回復するまで介抱するわって主人にも連絡して、今こうなってるってわけなの。まあ、とは言っても、主人も残業で今日の戻りは午前様になっちゃうって……」

僕は玄関を上がり、スーツを脱ぎながら問わず語りに彼女の話を聞き、リビングのソファのほうを見やると、確かに美優がだらしなく酔いつぶれていました。おでこには志保さんが出してくれたであろう、酔い覚まし用の氷嚢を載せて。

「そうでしたか。すみません、ご迷惑おかけしちゃって」

「いえいえ、いいんですよ。普段から美優さんにはよくしてもらってますから。あ、そうだ、ご主人も少し飲まれます？　よかったら私がご相伴に預かりますよ」

翌日は土曜で休みということもあり、僕は遠慮なく彼女のその提案に乗ることにしました。正直、ちょっと胸をときめかせながら。

「乾杯」「はい、乾杯♪」

僕たちは、脇で美優がのびている中、ローテーブルを挟んで向かい合い、ちょっと濃いめのウイスキーの水割りを酌み交わしながら、他愛のない話に興じていたのですが、そのうち思わぬ方向に話題が転がっていきました。

「あの……美優さんから聞いたんですけど、ご主人、あっちのほうがすごく強いんですってね？」

「……え、え？　ア、アッチのほうって……？」

「いやだ、あんまり言わせないでくださいよ……アッチのほうはアッチのほう……その、夫婦の夜の生活……」

僕は思いもしない問いかけに動揺しながらも、同時にさっき感じた胸のときめきが、ますます激しく昂っていくのを否定できませんでした。

（え……志保さん、ひょっとして、オレのこと……？）

期待に胸を高鳴らせながら、僕はこう答えました。

「え、ええ……自分で言うのもなんですけど、僕、相当タフですよ。だいたい美優とは週イチぐらいの割合でエッチしますけど、たいてい僕がフィニッシュするまでの間に、アレは三回はイってますね。で、僕はだいたい二発は余裕でいけるので、美憂は毎回、計五、六回はイってることになるかな？」

「そ、そんなに……？」

頰を紅潮させながら僕の話を聞いていた志保さんは、さりげなくソファの僕のすぐ隣りに席を変えてきました。そしてぴったりと体を寄せるようにするものだから、彼女が発する濃厚なメスのフェロモンが、まるで毛穴から染み込んでくるようです。

「うらやましい……うちの主人ときたら、セックスしてくれるのはせいぜい二ヶ月に一回で、それも自分がイクともうあとは知ったこっちゃないってかんじで、こっちのことはほったらかし……ここ半年ほどは私、一回も夫とのセックスでイケてないんです。そう、寂しくオナニーで慰めるだけ……」

そう言うと、志保さんは潤んだ瞳で僕を見つめながら、豊満な体をぎゅっと押しつけるようにして、とうとう自ら唇を寄せてきました。

「お、奥さんっ……！」

もはや僕には、すぐそこで妻が酔いつぶれているという危機意識も、彼女が他人の妻だというモラルも残ってはいませんでした。

濡れた瞳に吸い込まれるように顔を寄せ、彼女の唇をむさぼるように吸ってしまっていたのです。ああ、そのふくよかなのに艶がある、妖しく魅惑的な軟体動物のような感触ときたら……！

「んぐっ、んぶ……んちゅ、じゅるる、んじゅぶ……はあっ、奥さんっ！」

僕は舌をからませて彼女の唾液を啜り上げながら、もどかしげにその衣服を一枚一枚と剝いでいきました。

ピンク色のカーディガンを脱がし、薄いブルーのセーターを頭から抜き取ると、妖艶なパープルカラーのブラジャーに包まれた豊満なバストが、ぷるんと姿を現しました。その深い谷間を目にするや否や、完全に獣性が目覚めた僕は引きむしるようにブラジャーを剝ぎ取り、白く柔らかい肉房に音をたててしゃぶりついていました。

「……んあっ！　はあっ、あ、ああ、あん……」

甘く甲高い彼女の喘ぎを聞きながら、さらにその下半身を裸にして、僕は自分でも服を脱いでいきました。最後の一枚であるボクサーショーツを脱ぎ去ったとき、志保さんがハッと息を吞むのがわかりました。

　僕のペニスは、もう怖いくらいギンギンに勃起し、自慢の全長十七センチ、太さ四・五センチの威容をこれでもかとアピールしていたのです。

「ああ、す、すごい……夫の倍ぐらいあるわ！　た、たまんない……早く、早くこれが欲しいわ……ねえ、私のここに入れてっ！　奥の奥までブチ込んでぇっ！」

　志保さんは恍惚とした表情でそう言いつつ、僕の股ぐらにむしゃぶりつくと、一心不乱にフェラし始めました。オマ〇コに入れる前に、口で味わわないではいられなかったようです。

「んばっ、はぁっ、あぶっ……んじゅぶ、ぬぶっ、はう……ああ、おいしいわあ！　カウパーちゃんの味もしっかり濃厚で、ペニ皮の舌ざわりも最高！　ほんと、美憂さんがうらやましいっ！　こんな逸品、しょっちゅう味わってるなんて！」

　そう言ってさんざんしゃぶり倒したあと、ようやくフェラは満足したのか、志保さんはソファに深く腰掛けると、両脚を抱えて左右に大きく開きました。そして鬱蒼とした黒い茂みの中からテラテラと妖しくぬめり光る赤黒いマン肉をさらしうねらせながら、私のほうをねめつけて言いました。

「さあ、いいわよ。このいやらしい穴の奥の奥まで、そのたくましいチ〇ポで犯しまくってちょうだい！　きて！　きて～～～！」

もちろん、こっちも望むところです。僕は待ってましたとばかりに志保さんの股間に自分の腰をブチ当てると、その熟れきって甘い芳香を放つ淫靡な果肉に肉棒を突き入れ、荒々しくピストンさせながら穿ち貫きました。

「ああ～、ああ～！　いい、いいのぉ～っ！　あ、あ、死ぬ……死んじゃう～っ！」

「うう、奥さん、奥さんっ！」

志保さんのマン肉の具合があまりにもよすぎて、僕ともあろうものが挿入してものの十分足らずで極まってきてしまいました。

「あぁっ……奥さんっ、だめだ……も、もうイクッ……！」

「ああん、まだダメェッ！」

という志保さんの不服そうな叫びを聞きながら、僕はあえなく撃沈してしまいました。おそらく、そう遠くないうちにもう一度、彼女のお相手をして、心ゆくまで満足させてあげないわけにはいかなそうです。

■私は店長の勃起チ〇コを咥え、ありったけのテクを駆使してしゃぶりまくって……

セックス査定に勝ってボーナス十万円をゲットせよ！

投稿者 新井優樹菜（仮名）／27歳／パート

いよいよ来週の金曜は待ちに待った日。

そう、私が勤めてるファミレスの冬のボーナス支給日。

例の感染症の影響をもろに受けて業績がメチャクチャになり、夏の支給はなくなっちゃったけど、その後いろんな支援金や補助金のおかげでなんとか立て直し、どうにか冬は出せることになったらしい。

しかも、半ばあきらめていた私たちパートにも出るっていうのだから、ほんと、ありがたい限りだ。まあ実際、パートがどれほどもらえるのかわからないけど、夫の会社のほうも雀の涙っぽいし、ホントもらえるだけ感謝しないとね。まだ三歳児の幼い娘と家族三人、なんとか年を越さないと。

そんなある日、勤務時間が終わって帰り支度をしていると、急に店長から呼び出しがかかった。ええっ、お迎えが遅くなると、パート勤めの間、娘を預けてる近所の実家の母親からチクチク文句言われるんだけどなあ。まあ、仕方ないか。

私は手早く帰り支度をし終えて、急いで店長室に向かった。

ノックし、声をかけて入室すると、事務机に座った店長から、対面の椅子に座るように言われた。それにしても店長、こうやって改めて間近で見ると、また太ったんじゃない？　どう見ても体重百キロはくだらないかんじ。確かまだ歳は三十代半ばのはずだけど、もう完全にメタボ中年まっしぐらね。

椅子に腰かけながらそんなくだらないことを考えてた私だったけど、そのあと店長が話しだした内容に、高圧電流のようなショックを受けてしまった。

「実はね、今回の冬のボーナス支給にあたって、ボク、きみたちパートさんの査定を一手に任されてるんだけど、とはいえ、三人いるパートさんにグロスで払える金額の上限は決められててね……さて、誰にどれだけ払ってあげちゃおうかなあって、ただいま悩み中なんだよね〜」

はいはい、あなたが我々パートのボーナス運命を握っていると。

「村尾さんも、高垣さんも、そしてきみも、仕事ぶり自体は甲乙つけがたいものだから、さあ困った、他の何を持って評価分けしたらいいものかと思ってね。で、いろいろ考えた結果、ついに決めたんだ」

何よ、もったいぶらないで早く言ってよ、このブタめがね。

「ボクとエッチして、一番よかった人に、十万円あげちゃおうって。で、あとの二人は仲良く三万円ずつね」

……マ、マジか〜〜〜〜〜〜っ⁉

肉体ご奉仕の良し悪しがボーナス査定を左右するだなんて、まるで三流エロまんがみたいな話に一瞬信じがたいものがあったけど、一方でそれ次第で十万円か、三万円か、まさに天国と地獄のような運命に振り分けられちゃうなんて！　……突きつけられた現実のあまりの重大さに、私は思わず目の色を変えてしまった。

「ほ、ほんとに、三人の中で一番店長を悦ばせたら、ボーナス十万円もらえるんですか？　ほんとのホントに⁉」

「もちろん！　店長の名にかけてボクはウソを言わないよ」

今から思えば、店長の名なんてどれほど重みのあるものかわかんないけど、そのときの私は必死だった。

十万円をもらうのは私よ！

メラメラとやる気に燃えた私は、店長に聞いた。

「今から、お時間ありますか？」

「ああ、うん……三十分くらいなら大丈夫だよ」

善は急げ（?）だ！　そう思った私は席を立って入口ドアのほうまで歩いていくと、万が一のために内側からしっかりとロックした。そして振り返ると、店長のほうに向かってゆっくりと歩きながら、服を脱いでいった。厚手のMA－1風ブルゾンを脱ぐと、その下のセーター、長袖Tシャツ、そしてデニムのミニスカート、ストッキングと、次々に体から取り去っていき……とうとうブラとパンティだけの下着姿になった。

カラダにはまあまあ自信がある。妊娠出産を経たあとも、Fカップの胸の張りは衰えてないし、腰のくびれも維持し、ヒップも垂れることなくプリンとして……ほら、店長ってば食いつくように見てる。

「新井さん、ナイスバディだね。カラダだけならきみが三人の中で一番だ」

……って、あとの二人とはもうやっちゃったってことね？　村尾さんも高垣さんも、あの年代の主婦としてはかなりイケてるほうだとは思うけど、ふっふっふ……現時点では私が一歩リードってところか。

よし、じゃあこのあとは、独身時代ヤリマンの名をほしいままにした私の、筋金入りのテクニックのすべてを駆使して、メロメロにしてやるんだから！

私は店長の目の前にひざまずくと、そのボンレスハムのような太腿をスラックスの上から撫で回して軽く刺激を与えながら、ムクムクとうごめく股間の反応を窺いつつ、チャックを下ろしていった。

するると、肉の中にアレが埋もれているような、一般的な太った人のイメージとは違って、店長のチ◯コはなかなかに立派で、隆々とした勃起が天を突くようだった。

「うわ、店長、おっきい……こんな立派なの、私はじめて……」

私のベタなリップサービスに店長の表情はだらしなくニヤけ、よしよし、これでさらに印象点アップねと思いながら、私は勃起チ◯コを咥え、ありったけのテクを駆使してしゃぶりまくっていった。するると、ますますソレは激しくいきり立ってガマン汁をしたたらせ、玉袋もパンパンに膨張していった。

「……う、うう……新井さん、すごい……とんでもなくしゃぶり上手だねえ……たまらなくキモチいいよ……あう、くぅ……」

店長の目はトロンと恍惚感に満ち、私はさらにそんな彼のYシャツの中に両手を潜り込ませ、左右の乳首をいじくりながらしゃぶるという攻撃に出て、より一層その性感を追い込んでいった。

「あ、ああっ……も、もう限界！　新井さんのオマ◯コに入れさせてぇっ！」

とうとう店長が切羽詰まった呻き声をあげ、私はそれに応えて立ち上がると、ブラもパンティも取り去った全裸になって、彼の膝の上にまたがっていった。そしてその首に両手を回しながら、彼の勃起チ○コを自分のマ○コに呑み込んでいって。

「……あぁっ！　すっごい！　店長のチ○コ、私の奥の奥まで当たってるぅ！　キ、キモチよすぎる～～～～っ！」

と、正直、このときの私はもうリップサービスではなく、本当に感じてしまっていた。それくらい彼のペニスは具合がよく、私と相性ピッタリだった。

「あ、あ、ああ……あ、新井さん……っ！」

「店長、あ、ああん……も、もうイキそうっ……！」

そして私たちは、ほぼ同時にクライマックスに達した。

店長の顔を窺うと、その満足感溢れる表情に、私はボーナス争奪セックス査定試験に勝利したことを確信した。

……が、実際のところ、果たしてそんな思惑どおりにいくのかな……？

その答えは、来週の金曜の結果を待ち侘びるしかないようだ。

■そのとき私はヴァージンにもかかわらず、ジュワッとアソコが熱くなってしまい……

実兄の熱くたぎる欲棒でロスト・ヴァージンしたあの日

投稿者 長谷川京香（仮名）／31歳／専業主婦

今だから話せる私のイケナイ体験談です。

十五年前、私が高校一年生のときの話です。

私には二才年上の兄がいて、当時まさに大学受験直前の頃でした。

それまで、兄はよく勉強ができて成績優秀、大学も志望校である近場の国立大学へも楽勝だろうと目されていました。

ところが、その年の秋ごろくらいからだったでしょうか、そんな兄の成績がガタ落ちしてしまったのは。心配した学校の先生や両親がその原因を探ろうと兄に問い質したのですが、兄は決して言おうとはせず、皆、お手上げ状態でした。

そんな状況のある日曜日のことでした。

両親は朝から親戚の法事に出かけて留守にしており、家にいるのは私と兄の二人だけでした。

私は前日、学校の部活の水泳部の練習でかなり遅くまでしごかれたおかげで、なかなか起きられず、朝の九時を回っても自室のベッドの中でぐずぐずとしていました。

（ああ、いい加減起きなきゃな〜）

そう思うものの、まだ全身に残った疲労のせいで体は重く、その朝がまたひときわ寒かったこともあって布団の中から出ることができませんでした。

すると、部屋のドアが開けられる気配がしました。

もちろん、兄しかいません。

朝食に呼びに来たのかもしれませんが、ノックもなしで勝手に入ってくるのはいただけません。私は「ちょっと〜っ……」と、文句を言ってやろうと、ようやく起きかかったのですが、その瞬間、ドサッと上からのしかかってきた重みに強く圧迫され、思わず「うっ！」と息詰まってしまいました。

布団ごと、兄が全体重をかけて私に覆いかぶさっていたのです。

冗談にしては、年頃の女子に対してあまりに非常識です。

「んもう、やめてよお兄ちゃん！　怒るよ⁉」

私はかなり怒気を孕んだ声でそう言い、必死に体をよじって布団を払いのけ、兄を押しのけようとしたのですが、兄はいわゆるマウントポジションで私のお腹の上にまたがり、私は振り回そうとする両手をしっかりと押さえつけられてしまいました。

「……な、何よっ？　お兄ちゃん、こわいよ……っ！」

私を見下ろす兄の目の暗いギラつきが尋常でないことを悟り、私はもはや怒りよりも、言いしれない恐怖に怯えていました。全身から凶暴なまでのオスの脅威を発散させたその姿は、私の知っている兄ではなかったのです。

「……京香、ごめん……頼む、おれを助けてくれっ……」

「え、え、え？　ごめんって、助けるって……お兄ちゃん、何言ってるの？」

私は唸るような兄の言葉が理解できず、怯え泣きながら必死で問いかけましたが、その答えは得られず、代わりにぶつけられたのは、嵐のようなオスの欲望でした。

兄は、寝間着代わりの私のジャージ上を頭から脱がせ取ってしまい、当然寝起きの私は下着などつけていませんから、裸の胸が剥き出される格好になりました。

「きゃあっ！　やだやだ！　やめてよお兄ちゃん！　恥ずかしいよぉ！」

私は必死でそう訴えましたが、もう兄には何も聞こえてはいないようでした。再び私の両腕を万歳させる格好でベッドに押さえつけると、無防備になった両の胸に顔を寄せ、遮二無二むしゃぶりついてきました。

「ひゃあっ、あっ……んあぁ、いやぁ、お兄ちゃん！」

それは衝撃の感覚でした。

私はその頃、オナニーの経験はもう何度かありましたが、まだ男性経験はなく、もちろんヴァージン。異性に性的目的を持って体に触れられたことなどなく……それがいきなり、女性にとって大きな性感帯である乳房に口唇での愛撫を浴びせられて、平気でいられるわけがありません。

乳房を、乳首を舐め吸われる感覚に、最初は生理的嫌悪感を覚えましたが、しばらくすると言いようのない甘美な感覚が湧き上がってきました。

それはいくら頭では認めたくなくても、カラダにとってはどうにも否定しようのない快感でした。

「あっ、ああ……や、やめて、お兄ちゃん……やだ、んんっ……だめっ……ああん、あたし、おかしくなっちゃうよぉ……」

「はぁはぁはぁ……京香、ああ、京香……！」

揉みくちゃにされるような圧力で乳房全体をこね回され、まだまだきれいな二つのピンク色の突起を舐め吸われ、しゃぶられ……次から次へとより増長しながら湧き上がってくる快感が、見る見る全身に拡がり侵食していき、私は否応もなくトロトロに蕩けていきました。

こんなことしちゃいけないというモラルや理性が、完全に肉欲の本能に負けてしまっていたのです。私は、もっともっと兄に気持ちいいことをしてほしくてたまらなくなっていました。

いわば私も兄に負けず劣らず、完全なメスに堕ちてしまっていたのです。

ふと、お腹の辺りに熱くて硬い違和感を感じて「ハッ」としましたが、もちろんそれは怖いくらいに勃起した兄のペニスでした。兄が次の瞬間、私のお腹の上で膝立ちになって自分のジーンズと下着を引き下げ、それを剝き出しにしてきたので、いやでも認識せざるを得ませんでした。

生まれて初めて実物を見る、成熟した男のいきり立った性器。

私はヴァージンにもかかわらず、ジュワッとアソコが熱くなってしまいました。これもメスの本能のなせる業でしょうか。

「ああ、京香……もうおれ、自分を止められない……く、うう……」

兄はいよいよ切羽詰まった声でそう言うと、おもむろに立ち上がって下半身丸出しになり、続いて力任せに私のジャージ下とショーツを剝ぎ取ってしまいました。そしてとうとうすっぽんぽんになってしまった私に改めて覆いかぶさると、問答無用で勃起したペニスを私のアソコに挿入してきたのです。

「……ひっ、ひあっ！　あ、ああ……んくぅ……」

「あ、ああ、京香ぁ……あ、うんん……んあぁ……」

最初の一撃から数回の抜き差しに渡って、耐えがたい激痛が私を襲いましたが、その後それも収まり、代わって私を包んできたのは、これまでのオナニーとは比べものにならない、複雑で深い、狂おしいまでのエクスタシーでした。私は兄に突かれまくりながら、ああ、これがホンモノのセックスのよさなんだと、その悦びを全身で噛みしめていました。

その後ほどなく兄は果て、私はその放出を胎内で感じながら、まだ幼いながらも目いっぱいのオーガズムに達していたのです。今思えば、ほんと妊娠しなくてラッキーでしたね。

そのあと兄は話してくれました。同級生の女の子のことが好きでたまらなくなってしまったのだけど、その激しい想いをどうすることもできず、おかげで勉強に身が入らず成績が落ち、私をはけ口にしてしまったことを。

私は兄を許しました。その甲斐あってか、兄は立ち直り、無事第一志望の国立大学に合格しました。私には一生感謝してほしいものです。

■老人にはまるで似合わない薄桃色の勃起物を自分の秘穴にあてがい、ズブズブ……

介護老人の立派なアレに欲情してしまった私！

投稿者 浜野美菜（仮名）／36歳／パート

介護ヘルパーとしてパート勤めしています。

最初の半年くらいは戸惑うことも多かったけど、二年が経った今はオールマイティになんでもテキパキこなして、所長さんの信頼も得ている。いずれは正社員になりたい。でも夫がいい顔しないんだよね。家事が（今よりもっと）おろそかになると思ってるんだろうな……？　まぁ私自身も一人息子の翔太がまだ小三なので、当面はパート従業員で十分って思ってるけど。

「さてっと、今日も張り切って仕事しましょっか！」誰に言うともなく、活を入れてマイカーに乗り込む。今日は入浴介助のため藤本さんというお宅に訪問する日だ。

「こんにちは！　ハートフルケアー（仮名）の浜野です！」

「いつもお世話になってます、さっ、お入りください。ちょうど今、父がお昼寝から起きたところで……」笑顔でそう話すのは藤本博恵さん（仮名）、私が今からお世話をさせていただく藤本光男さん（仮名）の一人娘さんだ。光男さんは御年八十歳、奥様は五年前に他界され、現在、博恵さん夫婦と三人暮らしだ。

「光男さん、こんにちは。お加減はいかがですか？」

通された和室に入り、介護ベッドに横たわる光男さんに声をかけると「ああ、どうも」と光男さんは挨拶を返して下さる。光男さんは、いわゆる『まだらボケ』状態で、コンディションが良いときは私をヘルパーだと認識し、そうでないときは私が誰だかわからない……娘の博恵さんや他の女性と思い込んだりする。

（今日の調子は良いみたいね……）と思ったそのとき、私のスマホが鳴った。もしもし、と出ると、今日のパートナーの林くんだった。用件は「急にぎっくり腰になったから行けなくなった」と。（え、私一人で光男さんをお風呂に入れるの？）と一抹の不安はあったものの、なんとかいけるかもしれない、光男さんは華奢な体つきだし、私一人でも抱えられそう、と思い直した。

「あの、私がお手伝いしましょうか？」娘の博恵さんが心配そうに声をかけてくれたけど、「お気遣いありがとうございます、でも一人でも大丈夫ですので畑仕事に出かけて下さい」とプロらしく返答した。

そして博恵さんを見送ったあと、私はさっそく腕まくりをして、「光男さん、私の肩に右手を回してください。そうそう。はい、では、ゆっくりと歩きますよ」と。光男さんは右足が不自由だけど半身不随ではないので、ちゃんと支えてあげればお風呂場まで歩ける。「はい、いち、に、いち、に」とゆっくり数を数えながら前に進んでいった。ところがそのとき「あっ！」足元がついよろけてしまい、光男さんが私にしがみつき、その左手がモロ私のオッパイを鷲摑みにしたので「ひゃぁっ！」つい声をあげてしまった。そっとその手をずらそうとするが、体勢を崩しかけてる光男さんの手には力が入っていて放そうとしない。（ま、いっか）光男さんはきっと女性のオッパイを摑んでいるという認識がないんだわ……そう思い、お風呂場までそのまま連れていき、介護用椅子に腰かけさせると光男さんの手がようやくオッパイから離れた。

「じゃあ、これを脱ぎましょうね」と浴衣の前をめくった時、「あっ⁉」光男さんの股間の肉棒がわずかながらお元気になられてるのを見てビックリ！

（光男さんったら素知らぬ顔、いやボケたフリして、わざと摑んで放さなかったんだ、私のオッパイ！）ってか、御年八十歳でもココ元気になるんだぁ？　いつもはしぼんだ芋虫状態なのに……。

オッパイを摑まれた悔しさよりも、老人の肉棒が勃起したという感動のほうが勝っている。私は好奇心丸出しにして「光男さん～、石鹸で洗っていきますよ」ワクワクしながら手に取ったボディソープをたっぷり陰部になすりつけ……白髪混じりの陰毛やゴム毬のような玉袋も、肉棒と共に優しく撫でるようにして洗った。

「ウヒィッ！」光男さんが小さく叫び、シワシワのお腹に力が入った。そして、手の中で弄んだ肉棒はますます太く大きくなり、「えっ？　ウチの夫のより立派じゃん！」と私の感動は更に増してった。ツゥーと私の股間にお汁が流れ出てくるのがわかる。そう、久々に立派な男根を目にして触って、私は濡れてしまったのだ……。

泡だらけの手でGパンとパンティを一気に脱ぎ捨て、私はびちょびちょの秘穴を光男さんの股間に押し当てようとしたが、「おっと、いけない。まずはきれいにしなくっちゃね」冷静さを少し取り戻し、ぬるま湯のシャワーで光男さんの肉棒についたボディシャンプーの泡を洗い流した。

そして、老人にはまるで似合わない薄桃色の勃起物を自分の秘穴にあてがい、ズブズブズブ……すっかり濡れたソコは、たやすくソレを呑み込んでいく。

「あああ〜〜〜！」私のあられもない雄たけびに光男さんが興奮して、「ほあぉ〜〜ほあぉ〜〜〜！」と、気の抜けたような声で哭きだした。

「どう？　久しぶりの感触でしょう？」

光男さんは何も言わない代わりに、腰をわずかに前後させ始めた。

「感じているのね？　いいのね？　ハァハァ……私も……いいわぁ〜！」

私もそれに合わせて腰を振ると、クッチョクッチョとぬめった音が膣から出てきた。

恍惚の表情の光男さんが介護椅子から転がり落ちないよう、ガシッと両腕で頭を抱きしめると、その顔が私の胸をまさぐってきた。

「吸いたいのね？　いいわ、待って」私はTシャツをたくし上げ、ブラジャーを外し、たわわに実ったオッパイを光男さんの口に含ませた。チュゥチュゥと吸う音。

「もっと吸ってみて……ハァハァ……そう、上手よ、光男さん」レロレロと長い舌が乳首を舐め回し、おそらく光男さんはようやく思い出したのだろう、愛撫の仕方を。それを一つ一つ確認するように、吸ったり舐めたりを繰り返し、そして腰を振った。

「ああ〜〜、いい〜〜、そこ〜〜そこ〜〜」

心なしか、私の中で更に固さを増した光男さんの肉棒が、子宮をグイグイ突き上げてくる。クッチョクッチョ、クッチョクッチョ……。

そしてついにオスとして甦った老人は、「ぐ、んぐ……ぐあぁぁぁぁぁ〜〜〜〜〜」息も絶え絶えに喘ぎ叫び、どんどん呼吸が荒くなっていく。

「ああ、イ、イクわよ……一緒に……ハァハァ……光男さんも一緒に……」

「ぐおぉ〜〜〜〜〜〜〜〜〜〜〜〜〜〜！」

「はぁぁ〜〜〜〜〜ん〜〜〜〜〜〜〜〜！」

バスン、バスン、バスンバスン………！

二人淫らに腰を振りまくり、私と光男さんはほぼ同時に絶頂に達した。

風呂場の床に私のお汁と、光男さんの白濁液が流れ出ていく。

「はぁ〜〜〜〜〜〜〜〜〜〜〜〜〜〜〜……」

気持ちよかったぁ〜……久しぶりに感じまくったわ。

すっかり満足した私は、改めて光男さんの体をシャワーできれいにして、バスタオルで体を拭きながら、耳元で囁いてあげた。

「光男さん。また機会を作るから。健康維持のために私と性交しましょうね」

すると、どうでしょう。それまでほとんど口をきかなかった光男さんが、

「楽しみだなぁ〜」

と嬉しそうに言ったんです。

うむ、これはボケ防止の為にも、今後も続けていかなくてはなりませんね。

私は崇高な使命感（笑）を新たにしたのでした。

■黒々と照り輝いたその巨根は優に長さ二十センチ近く、太さは五センチほどもあり……

夫の実家で味わった大掃除オナニーからの口止めSEX

投稿者 諸岡今日子（仮名）／33歳／専業主婦

年末、少し早めに田舎の、夫の実家のほうに帰省して、暮れの大掃除をしていたときのことです。

舅は三年前に亡くなっていて、実家は今は姑が一人暮らし。

そのとき、夫と小一の娘、そして姑の三人は、夫の運転する車で街のほうまで年末年始の買い物に行っていました。

よし、皆がいないうちのほうが大掃除もはかどるっていうもの……張り切ってやんなきゃ！　決して広くはない家でしたが、一人で掃除するとなると、そこそこ大変です。私は次から次へと各部屋を掃除して回りました。

そして、今は亡き舅の書斎の番になりました。使っていない部屋なので、物で散らかっていることはありませんが、代わりにまあまあホコリが溜まっています。畳敷きの床を掃き、雑巾がけしたあと、脚立に乗って押入の上の段の掃除にとりかかりました。するとそこには何やら存在感のある漆塗りの入れ物がしまわれていて、ついつい中身が気になった私は下に降ろし、蓋を開けていました。

するとそこには、何本ものハリガタが……今でいうところの男性器をかたどったディルドゥが入っていたんです。今は電動式の、いわゆるバイブレーターが主流ですが、昔はそのような技術も進んでおらず、あくまで男性器の「形」だけを真似たこのような代物を使って、男女間の秘め事を愉しんでいた……そのことを、何かで読んで私は知っていました。

亡くなった舅は大学教授をしていて、そのいかにもインテリ紳士然とした記憶と、こんなハリガタは結びつきませんでしたが、まあ人は誰でも見かけではわからないもの……私はちょっとだけ亡き舅に親近感を覚えながら、ハリガタの一つを手にとってしげしげと眺めました。

すると、無性に「バイブは使ったことがあるけど、これは実際アソコに入れると、どんな具合なんだろう？」ということが気になってきて、居ても立ってもいられなくなってしまいました。実はここ二ヶ月ほど、夫の仕事が忙しすぎて相手をしてもらえず、セックスレス状態だったのがいけなかったのだと思います。

欲求不満を抱えた私はハリガタを布巾できれいに拭くと、その場に座り込んでスカートをたくし上げ、下着を脱ぎました。そしてハリガタの固い先端を恥毛で覆われた肉丘に当て、少しずつ力を入れてこね回しながら押し込んでいきました。すると、そのものは確かに固いのだけど、丁寧に磨き上げられた表面はとても滑らかで、それは思いのほかスムーズに私の肉割れを穿ち内部に潜り込んでいって……徐々に愛液が染み出てきたこともあり、気がつくと奥深くまで達し、私は夢中でジュプヌプと出し入れしてしまっていました。

「……あっ、はぁ……んぅ、ふう……んあ、ああ……あぁ……」

畳の上に横たわり真昼間から痴戯に耽り、よがり悶えてしまっている私のことを、鴨居に掛けられた舅の遺影が蔑むように見下ろしていましたが、その羞恥感がさらに私の性感を煽り、ますます昂る快感に没入してしまったのです。

(だってお義父さん、あなたの息子さんが悪いんですよ。妻である私のことを全然かまってくれないんですから……)そんなことを思いながら……。

と、そのとき、閉じていた目を一瞬開いた私の視界にとんでもないものが飛び込んできました。

見知らぬ中年男性がそこに立ち、私のことを見下ろしていたんです!

いや、よく見ると見知らぬ相手ではなく、何度か会ったことのあるご近所さんでした。昔から夫の実家とは家ぐるみで親しくしているという。

「……きゃっ！　小森さん、な、なんでここにっ……⁉」

私が慌てて股間を隠し、上半身を起こして言うと、

「い、いや……ちゃんと玄関で呼ばわったんだけど、全然返事がなかったもんだから、誰もいないのかなーと思って……親戚からもらった塩鮭、今台所の冷蔵庫に入れてきたんだわ。そしたら、なんかこっちのほうから変な声が聞こえてきて……」

そう言いながら、その五十がらみの男性・小森さんの目は、次第にヨコシマな光を帯びていきました。

「そしたらまさか、嫁っこのあんたがこんなことしてるなんて……いやー、たまげたなー。それにしても、白くて細くてきれいな脚だなあ……この辺の色黒で田舎臭い女連中とは大違いだよ……うふふ……」

「あ、あのっ……このこと、誰にも言わないでくださいっ！　こんな恥ずかしいことしてたなんて皆に知られたら、私……っ！」

私は思わず必死でそう懇願していました。

もし夫や姑に知られたら、まさか離婚されるようなことはないとは思いますが、この先、どんな顔をして相対すればいいのかわかりません。そんな死ぬほど恥ずかしい

生活、絶対にイヤだったんです。

するとと小森さんは、私のほうにしゃがみ込んできて言いました。

「もちろん、誰にも言わないよ。でも、その代わりに、あんたのその可愛いオ○コ、俺に味わわせてくれよ。いっぺんでいいから、あんたみたいにキレイな都会の女とヤってみたかったんだ」

それは正直、想定内の要求でした。

実はこれまで何度か顔を合わせたとき既に、この人の、私を見る舐めるような淫靡な視線に気づいていたのです。

とはいうものの、それこそこんな田舎臭くてガサツそうなオヤジ、本当ならそばに寄るだけでもイヤなのですが……致し方ありません。

「わ、わかりました……いうこと聞けば、さっき見たこと、秘密にしてくれるんですね？　誰にも言わないでいてくれるんですね？」

「ああ、約束するよ。絶対に誰にも……言うもんかっ！」

そして小森さんは唸るようにそう言うなり、私を押し倒し、上から覆いかぶさってきました。タバコ臭い息が思いきり私の顔にかかり、思わず嫌悪を感じました。いや、それどころかベロベロと顔中を舐め回され、その気持ち悪さに吐き気さえ覚えるほどでした。「うう……ん、ぐぅ……」でもそんなことお構いなく、小森さんは私の体をまさぐり回し、セーターとその下のシャツを脱がし取ると、最後に残ったブラを剝ぎ取り、剝きだしになった乳房にむしゃぶりついてきました。肉房を鷲摑んで揉みしだき、乳首をベロベロ、チュウチュウと舐め吸い上げてきます。

「んあっ……はぁ、あん……くはっ……！」

私はといえば、さっきまで浸っていたハリガタ・オナニーの余韻で性感がまだ昂ったままということもあり、生理的にイヤな相手だというのに勝手にカラダが反応してしまいます。

「はぁはぁはぁ……そうか、キモチいいか、そうかそうか！　よしよし、それじゃああんたのダンナなんか比べものにならないぐらい凄いチ○ポを、これからブチ込んでやるからな！　キモチよすぎて気絶しないよう、しっかり味わうんだぜ？　俺もあんたのオ○コ、とことん味わわせてもらうからな！」

そう言って小森さんは自分も服を脱ぎ、そのたるんだ醜い裸体をさらけ出し、私は一瞬ゲッとなりましたが、その股間でいきり立ったイチモツは別でした。黒々と照り輝いたその巨根は優に長さ二十センチ近く、太さは五センチほどもある大迫力で、見た瞬間、私の股間の奥の深いところがズキンと強烈に疼き、一瞬にして大量の愛液が噴き出してくるのがわかりました。本当にそれは夫のモノなど比じゃないほど、すばらしく凄いチ○ポだったのです。

「ほらっ、入れるぞっ！　たんと味わえっ！」

「んあっ！　はぁ……あっ、ああ、あん〜〜〜〜〜〜っ！」

挿入され、激しく抜き差しされ、私は自分の女性器が裂けてしまうのじゃないかというほどの衝撃を覚えましたが、そこには痛みはなく、あるのは怖くなってしまうほど凄まじい快感でした。

「あっ、あっ、あ……あん、あああっ……ひあぁっ！」

「うおおっ、いいぞお、精液出すぞぉっ！　……んんっ、んぐぅ！」

「あん、あああっ……イ、イク、イク……あああ〜〜〜〜〜〜っ！」

私は正直、それまでの人生最高の絶頂を味わい、小森さんも満足して帰っていきました。それから身づくろいをして再び大掃除を始めた私でしたが、その間も、もう例の約束のことなんてどうでもいいから、また小森さんのチ○ポを突っ込まれたいと強烈に願う自分がいたのでした。

■彼らは授乳期でついつい洩れ出ちゃうアタシの母乳を吸い、啜り上げてきて……

成人式で味わった母乳3Pセックスのイケナイ快感

投稿者　五十嵐ふみ（仮名）／20歳／ウェイトレス

高校を卒業すると同時に、できちゃった婚したアタシ。

すでに子供は二歳になるっていうのに、今年成人式に出てきました。五つ年上で長距離トラックのドライバーやってるダンナが、俺、その日ちょうど休みだし、子供の面倒みててやるから行ってこいよって言ってくれて。

アタシ、正直、高校出たあとはもう、出産して、子育てして、主婦して、働いてって……ひたすらがむしゃらにがんばってきたから、久しぶりに高校時代の友達に会えるって思うと、ほんと嬉しくてしょうがありませんでした。

ダーリン、本当にありがとうね！

……と、心からの感謝の気持ちを叫んだはいいものの、アタシったらその成人式で、ダンナに対するとんでもない裏切り行為をしちゃったんです。

当日、曲がりなりにも子持ちの主婦としては、さすがに他の子たちみたいに華やかな晴れ着とか、コスプレまがいの派手なドレスとかはないなと、アタシ、自分が持ってる一張羅のスーツを来て会場に向かいました。市民ホールみたいなとこです。するとそこですぐに、高校時代いちばん仲のよかった子たちに会えて、キャーキャー言いながらお互いに近況報告。みんな、アタシが子持ち主婦やってることに今イチ実感持てないみたいだったけど、とにかくいろんな思い出話でも盛り上がって、めちゃくちゃ楽しい時間をすごすことができました。

するとそこへ、同じクラスだった男子二人……ユウヤとマコトが交じってきました。二人とも当時からかっこよくてモテたけど、大学生になった今はさらに洗練されたかんじで素敵で、思わず見とれちゃうくらいでした。

それで、彼らも含めた全六人で飲みに行こうという話になり、アタシも今日は時間的に余裕があったので、喜んでつきあうことにしました。

夕方の五時から皆で居酒屋に入り、思いっきり盛り上がりながら飲めや歌えの大騒ぎ！　アタシ、あまりに楽しすぎて信じられないくらい飲んだ挙句に、どうやらつぶれちゃったみたいで……ふと気がつくと、そこは居酒屋の店内じゃありませんでした。

「……えっ、こ、ここどこ……？」

まだぼんやりとする頭で、誰にともなくそう疑問を口にすると、

「うーんとね……ここはなんと……ジャーン、ホテルでしたーっ！」

そう聞こえた声は、明らかにユウヤでした。

「もう他の連中は帰って、ここにいるのは俺ら二人と、ふみちゃんだけでーす」

続けてそう答えたのは、マコトでした。

ようやくアタシにも、今自分の置かれている状況がわかってきました。

居酒屋でさんざん盛り上がったあと、アタシの仲のよかった女友達たちは先に帰り、一人残ったアタシは、男子二人とホテルの一室にいるという……。

え、ええ〜〜〜〜〜〜〜〜〜〜っ⁉

衝撃のあまりもう言葉が出ず、口をパクパクさせるだけのアタシに向かって、ユウヤが言いました。

「あのさ、今だから言うけど、高校時代、俺もマコトもふみちゃんのことが好きだったんだぜ？　いつか、どっちかが告白しようって話してたのに、それがふみちゃん、卒業と同時に他のヤツと結婚して、しかも子供まで産んじゃうなんて……」

「そうそう、そりゃないぜ〜〜〜ってかんじ？」

だ、だから何よ？　そんなのしょうがないじゃない？　今さらアタシにどうしろっていうのよ？　アタシはちょっと逆ギレ気味にそう言いましたが、それに対する彼らの答えは……。

「ってことで、ふみちゃんが成人式に来るって聞いたとき、俺ら決めたんだ。報われなかった俺らの愛と青春にけじめをつけるためにも、その日、ふみちゃんをヤッてやる！　……てね」

ちょ、ちょっと、そんな勝手な……自己中にもほどがあるわ！

アタシはそう言って必死に、二人に思いとどまるよう訴えたんですけど、自分勝手な思い込みと欲望にとらわれた彼らには、まったく響かないようでした。

「さあ、脱がしちゃえ、脱がしちゃえ！」

「く～っ、やっと憧れのふみちゃんの裸が見れる～～～～！」

二人は口々にそんなことを言いながらアタシのスーツに手をかけ、剝ぎ取るように脱がしていき、アタシはまたたく間に全裸にされてしまいました。

「う、うおおっ！　す、すげえ巨乳！　昔っからこんなに胸あったっけ？」

マコトがそう叫んだのも無理はありません。

なにしろ、アタシは今、乳飲み子の子育て真っ最中です。昔から豊かだった胸が今はさらに大きく張り、ちゃんと計ったことはないけど、優にHカップはあるんじゃないかと思います。

「と、とにかくたまんね～～～っ！」

「お、おう、二人分け合っていただこうぜっ！」

彼らはそう言うと、自分たちも息せき切って着ていたスーツを脱ぎ、しかも二人とも、早くも勃起したペニスをブルンブルンと振りかざしながら、アタシの左右の乳房にそれぞれむさぼりついてきました。

そして揉みしだきながらチュウチュウと乳首を吸うと、

「うわあっ、母乳が出てきたぁっ！　マ、マジかあっ⁉」

口々に言いながら、授乳期でついつい洩れ出ちゃうアタシの母乳を吸い、啜り上げてきました。もちろん、左右のオッパイを同時に吸われるなんて、生まれて初めての経験です。アタシはえも言われぬ快感に抗うことができませんでした。

「……んあっ、ああん、はぁ……あっ、あっ、ああっ……！」

「う～ん、オッパイ美味しいっ……たまんねえよ～っ！」

「ああ～、もうダメだっ！　チ○ポ爆発しちゃいそうだ！　わりい、マコト！　オレ先に入れさせてもらうわっ！」

「お、おい、ユウヤ……ちょ待てよっ！　あ、あ～あ、入れちゃったぁ」

細身の体からは想像もつかない、ユウヤの太くて長い勃起ペニスがアタシのアソコをえぐり、ズンズンと抜き差ししてきました。並行してマコトにオッパイ吸われてるから、その快感もひとしおで、アタシは腰を跳ね上げて感じてしまいます。

「あああっ、あっ……あああ～～～～～～っ！」

「う、くう……も、もうイッちまいそうだぁ！」

「ほらユウヤ、中で出す前に代われよ！　今度は俺の番だ！　ふみちゃん、今、俺のジュニアを突っ込んであげるからね～っ！」

そう言って、代わったマコトが挿入してきました。仕方なく、今度はユウヤがオッパイを吸う係に回って……エンドレスで快感が続いていきます。

「あっ、あっ、あ……イ、イク～～～～～～ッ！」

アタシが絶頂に達したあとも、二人はそれぞれ射精するタイミングをうまく外しながら、挿入する番を交代してアタシを責め続け……最終的に二人がフィニッシュしたときには、アタシはもう四、五回ほどもオーガズムを味わっていたんです。

あなた（ダンナ）、ほんとごめんね、せっかくの好意で行かせてもらった成人式でこんなことしちゃって……でも、とにかくとっても気持ちよかったんだ。

第四章　真冬の快感に乱れて

■二人の痴漢の指が両方の乳首を摘まみ、コリコリ、クニュクニュといじり回して……

超ラッシュの電車の中で三人の痴漢の指にもてあそばれて

投稿者 西内満里奈（仮名）／29歳／OL

その日は、ひときわ寒い朝でした。

私は一足先に出勤した夫から遅れること三十分後、手早く身支度をして家を出て、仕事に行くために最寄り駅に向かいました。

すると駅のホームは、信じられないくらいに混み合い、人で溢れていました。構内放送を聞くと、五つ離れた駅で人身事故があった関係で一時間以上も電車の運転が見合わせとなり、これからようやく運転再開するとの話でした。

こんな通勤時のラッシュアワーに……そりゃ大混乱するはずです。この辺りは他の路線もバス便もなく、振り替え輸送なども利かない地域なので。

すると、ようやく電車がやってきました。

案の定、すでに八割がた乗客で埋まっていて、さらにそこに今このホームにいる皆が一気に乗り込めば、地獄のような混雑が待ち受けているのは明らかです。

でも、乗らないわけにはいきません。今この電車に乗れば、なんとか会社に遅刻せずに行けそうだったので。私は覚悟を決めて、怒涛のように流れ込む乗客の波に巻き込まれるように車両に乗り込みました。

立錐の余地もないとは、まさにこのことでした。いや、それどころか、あまりの混雑ぶりに乗客間の最低限の隙間もなく、皆がからみ合い、もつれ合い……互いの体を押しつぶし合っているかのような惨状でした。おまけに寒い気候もあって皆が分厚いコートやジャケットなどで着ぶくれしているので、余計に車内密度も、体感温度も上がってしまっています。

「うわー！」とか「ギャーッ！」とか、「押すな、死ぬ～ッ！」といった阿鼻叫喚の叫びがあちこちで響くなか、私は着込んだウールの厚手のコートの中、皮肉にもダラダラと汗を流しつつ、ただひたすら「早く会社に着いて～っ」と祈り耐え忍ぶしかありませんでした。

すると、そのときでした。

お尻の辺りに、明らかに尋常ならざる動きの感触を感じたのは。

どうやら私のロングコートの裾をまくり上げ、スカートの上から臀部を撫で回しているようです。

まさかこんな状況で痴漢する人間がいるなんて……と、信じられない思いの私でしたが、逆にこんな状況だからこそ、どさくさに紛れて悪さをしようとするヤツがいるのかもと思い直しました。どれだけ「痴漢です！」と叫んでも、「やめてよ！」と訴えても、「こんなグチャグチャな状況じゃ仕方ないだろ！　不可抗力だ！」と逆に開き直られて終わってしまいそうです。しかも、あまりにも満員すぎて、自分の周囲にいる一体誰が犯行に及んでいるのかすらわからない有様だったんです。

私は非難の声を出すに出せず、ただひたすら真っ赤になって下を向くしかありませんでした。おまけに周囲はサラリーマンっぽい中年男性ばかりで、女性とか、味方になって助けてくれるような存在は見当たらず……。

「……あっ！」

と、次の瞬間、私は思わず小さく叫んでしまいました。

なんと痴漢の手がスカートまでをもめくり上げ、さらに内側のストッキングとパンティをこじ開けるようにして侵入して、ナマ尻に触れてくるのがわかったからです。

（ちょ、ちょっと……いくらなんでもやりすぎ……っ！）

たじろぎ、思わず身をすくませる私でしたが、痴漢はそんなこと忖度してはくれません。ずいずいと手を奥のほうに潜らせてきて、とうとう私のお尻のワレメをとらえました。そしてワレメに沿って指先を深部へと潜らせ、私のアナルをいじくり始めました。撫でさすり、揉みほぐし、軽く突っ込んでクイクイと掻き回してきて……。

「ひっ……ひあっ……！」

思わず出てしまった私の裏返った声に、さすがに周りの何人かの乗客が、何ごとかと目を向けてきましたが、羞恥のあまり知らんぷりするしかありません。

だって今、私ったらアナルに指突っ込まれて……そんな恥態、知られるわけにいかないじゃないですか！

ほんの少しの痛みとくすぐったさと、そして否定しがたい気持ちよさが合わさった、そのえも言われぬ心地に半ば恍惚としていると、それが私の「オーケー」のサインとでも受け取ったかのように、痴漢の指の動きはさらにエスカレートしてきました。

アナルを通り越し、股をくぐって前方へ……いよいよ私のメインのワレメに達したその指が、ツプリ……と、肉唇の中に這い入ってきたんです。

「……んあっ、きゃっ……！」

声を止められようはずがありません。

でもそのときにはすでに、周りに知られることを心配するような状況は終わっていました。というのも、さすがに皆、私が今痴漢されていることをとっくに察していて、逆にスケベな目をらんらんと輝かせて凝視していたから。

いや、もう凝視どころじゃありませんでした。

なんと、別の二人が参戦してきたようで、ギュウギュウの密着状態の中、苦労して私のコートのボタンを外し、その下のジャケットとブラウスの前も開いて、ブラジャーに手をかけてきたんです。

そう、そのとき私は三人の痴漢に同時に囲まれていました。

グイグイッとブラジャーが上側にずり上げられ、左右の乳首が顔を出してしまいました。すかさずそれを二人の痴漢の指がとらえ、両方の乳首を摘まみ、コリコリ、クニュクニュといじり回してきて……！

すると、まるでそれに息を合わせるかのように、最初の痴漢の指が私の肉ワレメの中を掻き回し、抜き差ししてきました。

グッチュ、ヌッチュ、ジュブブ、ヌチャ……。

混雑し騒音に包まれた車両内ですから、そんなことはあり得ないと頭ではわかりつつも、その世にも恥ずかしいアソコの発する音が回り中に聞こえてしまうのではないかという羞恥のおののきが私を襲いましたが、その感覚が同時に興奮と快感を昂らせてしまうかのようでした。

「んッく、ふぅ……うう、うぐぅ……あはぁっ……！」

三人がかりの痴漢プレイにさらされた挙句、私は信じられないことに、二回、三回と気をやってしまい、ガクガクと膝が震え、腰が抜けたようになっていました。でももちろん、床にくずおれるような心配はなく……痴漢たちの体の壁で支えられる格好で、しばし余韻に浸ったのでした。

そしてその直後、電車が次駅に止まり、三人いた痴漢のうち二人が降り、もう一人は同じ車両内のどこかへ行ってしまいました。

この間、羞恥と快感に喘いだ全所要時間はわずか七分。

私はそれからなんとか会社のある駅までたどり着き、とりいそぎトイレで乱れた衣服やアソコの始末をしたあと、無事定時出社を果たしたのでした。

今思い出しても、顔がカーッと熱くなり、そしてアソコがジュワーッと湿ってしまう、忘れられない体験です。

■彼はカウンターの下でアタシのクリ豆を探り当てると、そこを重点的にいじくって……

イケメンアルバイトと秘密の快感勤務に励んで

投稿者 道重リカ（仮名）／21歳／飲食店勤務

ピッチピチのまだ二十一歳だけど、人妻です！

高校を卒業したのはいいけど、進学にも就職にもぜんぜん興味がなくて……でもまあ、遊んでるわけにもいかないってことで、家の近所にあった居酒屋でバイト始めたんだけど、働いてるうちにそこの店長の健太（二十八歳）のことが好きになっちゃって。そしたら向こうも「オレも好きだ！」ってことで、じゃあ結婚しようということになり、現在に至る……完（笑）。

っていうのは冗談だけど、二十歳のときに結婚してからまだ一年足らず。

健太はしがない雇われ店長なので給料も安く、アタシとしても専業主婦なんて十年早いわ！　と、引き続きアルバイトとして店で働き、たまにはケンカしながら、それでも二人で力を合わせてお店を盛り立ててるっていうかんじです。

さて、でも実は、店にはもう一人、男子バイトがいて、名前は裕太朗くん（二十四歳）といい、これがなかなかのイケメンなのね。彼目当てにやってくる女性客もけっこういるくらい。性格もいいので、アタシにとっても彼は大のお気に入り。

でもまさか、その裕太朗くんがアタシのこと、あんなエロい目で見てたなんて夢にも思わなかったなー。

その日は日曜の夜ということで、一週間を通して一番店が暇なとき。会社側もよくわかってて、そういうときを見計らって、県内に四つある店舗の店長会議が招集され、うちの健太は午後八時頃に店を出てったのね。「こっから閉店の十一時まではオマエと裕太朗の二人で回せるだろ。じゃあ、あとは頼んだわ」って言い残して。

「は〜い、いってらっしゃ〜い」しかも今、時期的にはお正月期間が明けたばかりで、世間の人たちもおとなしくしてるわけで、マジもうお店が賑わう理由なんてないよね。アタシはこれから閉店までの三時間、どうやってヒマをつぶそうかって考えながら、健太のことを見送ったわ。

とか思ってたら、それまで閑古鳥が鳴いてたところに、なんと新規の二人組のお客さんが来店してきた。「いらっしゃいませー」声を揃えてお出迎えするアタシと裕太朗くん。アタシがカウンターの中でスタンバってると、料理のオーダーを取ってきた裕太朗くんがそれを伝えてきて、自分は飲み物の準備に取りかかる。

で、まずは最初の飲み物と料理をひと通り出し終わった裕太朗くんが戻ってきて、カウンターの中のアタシの隣りに並んできたんだけど、彼ったら何食わぬ顔で白いショートパンツ（うちの店の従業員の制服です。ちなみに上はTシャツに、お店のロゴが入ったハッピ）の上から、アタシのお尻を撫で回してきたの。

「ちょ、ちょっと、裕太朗くん、あんた何やって……⁉」

びっくりしながらも、お客さんに聞こえないように精いっぱい声を落として、裕太朗くんに文句を言うアタシ。でも、彼ったら謝るどころか、

「そんなこと言って、リカさんだってオレにこういうことされて、ほんとは嬉しいんでしょ？　顔に書いてあるよ。ねえ、今日はせっかく店長がいないんだから、今この時間だけ、二人でこっそり楽しいことしようよ」

なんてこと言いながら、さらにアタシのお尻をグイグイと強く揉んでくる始末！

いや、そりゃ確かに裕太朗くんのこと、お気に入りではあるけど、こんなことをするようなつもりはなくて……。

「か、勘違いしないでよね！　これ以上ふざけたことしようってんなら、店長に言いつけてや……ひっ！」

途中で彼がショートパンツの中に手を滑り込ませてきて、その下のパンティの上か

らお尻のワレメに沿って指を滑らせてきたもんだから、アタシ、思わず小さく叫んじゃった。あ～あ、お客さんたち、不審げな顔でこっち見てるよお。

「だ、だめだったら……ちょ、ちょっと裕太朗くん！　あ、ああ……」

必死に小声で拒絶の言葉をぶつけるものの、彼ったらイジワルそうな笑みを浮かべながら、平気な顔。怒られてしゅんとしてやめるどころか、さらに行為はエスカレートして、指をアタシの股間のほうまで進ませ、パンティの上からアソコをまさぐってきた。もそもそと動かしながら、アタシのクリ豆を探り当てると、そこを重点的にいじくってきて……。

「……んっ、んん、んうっ……はっ、あ……」

お店の中、すぐそこにお客さんがいるっていうのにこんなこと……無理やりとはいえ、ろくでもないことしちゃってる自分が信じられなかったけど、だからこそ余計にイケナイ興奮が盛り上がってきちゃって……洩れこぼれる喘ぎが止められない。

「うわ、パンティ、濡れてグチュグチュになってきちゃった。うふふ、リカさんのオマ〇コ、ど・ス・ケ・ベ！」

「やぁん……！」

耳元で裕太朗くんに妖しく囁かれ、ますます熱く昂ったアソコがズキン、ズキンと

疼いてきちゃうみたい。と、そのとき、

「すみませーん、追加注文お願いしまーす」お客さんから声がかかって、「はーい、今すぐー」裕太朗くんがさくっと仕事モードに切り替えてホールのほうに出てった。

アタシは裕太朗くんの魔性の責め時間から一瞬解放されて、ほっとひと息ついたものの、すっかり煽られてしまったアソコのズキズキはもう止まらない。逆に、早く彼が戻ってきてかわいがってくれないかと、悶々としちゃってる有様だった。

たしかに彼が言ったとおり、どスケベなマ○コだわ。

裕太朗くんが戻ってきて料理のオーダーを伝えられ、それを用意すると、彼はお代わりの飲み物とともにお客さんのもとに運んでいった。

ああ、裕太朗くん……早く戻ってきて、アタシのこと、もっとかわいがってぇ！

アタシの魂の底からの欲求の叫びがビンビンに伝わったんだろう。

彼は給仕を終えて戻ってくると、今度はお客さんのいるホールのほうからは見えないカウンターの下にかがんで身をひそめた。そしてアタシのほうを上目遣いでニヤニヤ見上げながら、パンティごとショートパンツをスルスルと足首のところまで引き下ろしてきて……剝き出しになったアタシのアソコに舌を這わせてきたの。

ああ、そんなっ……な、なんてことをしようとしてるの、裕太朗くん⁉

とか、アタシは彼の非常識さ加減にあきれるようなことを思いながら、そのくせ、これから彼が味わわせてくれるだろう快感への期待で、もう、アタマが爆発しそうになってた。はやく、はやく舐めて！　舌でほじくって！　……そこへ、いやらしく滑らかにうねる湿った感触が、肉ビラを掻き分けてニュルリと入り込んできて、ヌロヌロ、ヌチャヌチャとえぐり回してきてっ……！

「……んんっ、はっ……あふぅ……！」

アタシったら、今度は自分でもかなりドキッとするような大きさの喘ぎ声をあげちゃった。ああ、ほら、お客さんたち、びっくりしたような顔でこっちを見てる。

かろうじてニッコリ愛想笑いを返して場を繕おうとしたアタシだったけど、やっぱりちょっと気味悪がられちゃったかな。それから十分としないで、お客さんたちはそそくさとお勘定して帰ってった。

すると、不思議なことにアタシのエロテンションは見る見るしぼんでっちゃって……それは裕太朗くんのほうも同じだったみたい。やっぱり、お客さんに見られちゃうかもしれないっていう、ヤバいスリリングさあってこその興奮と快感だったんじゃないかなあ？

でももちろん、これで何事もなかったみたいに終わりっていうことにはならなくて、それから閉店時間になってお店を閉めたあと、アタシ、裕太朗くんとがっつりエッチしちゃった。

店の奥のほうにある事務所の休憩用のソファの上、まずは今度はアタシが裕太朗くんのチン○ンをたっぷりとしゃぶってあげて。そしたら彼ったら、「ううっ、リカさん、すげえテクニック！　オレ、たまんねぇっ！」って言いながらドピュドピュ出しちゃって。ちょっと、ちょっと〜ってかんじよね〜？（笑）

でも、さすがの精力絶倫男（自称）、すぐに回復して、アタシのマ○コをこれでもかと犯しまくってくれたわ。三回はイカせてもらったかな？

それ以降は、なかなかアタシと裕太朗くんが二人だけになれるチャンスがなくって、イケナイ関係はまだこのときの一回きりだけど、いつかまたたっぷりと愉しみたいと思ってるアタシなんです。

健太、ごめんね。でも、あなたのことも愛してるからね！（笑）

■ふと気がつくと、理事長のペニスを咥えさせられ、手には坂井さんのペニスを……

淫らな肉宴会と化したマンション理事たちの忘年会

投稿者　島崎美月（仮名）／36歳／専業主婦

私は住んでいるマンションの理事をやっているのですが、その日は夕方の五時から理事会の忘年会でした。土曜日ということで夫と子供はわりと近所にある、夫のお兄さん一家の家に泊まりがけで遊びにいっており、家族のことや帰りの時間を気にする必要はないというわけです。

私は実は、密かに心を決めていました。同じ理事である近本さん（仮名／四十歳）に自分の気持ちを伝えようと。

今年の春から同じ理事会で一緒にいろいろな活動に取り組むうちに、彼の真面目でやさしい人となりに好感を持つようになり、しかもなかなかのイケメンということもあってか、いつしか好きになってしまっていたんです。

私自身、夫のことが嫌いというわけじゃないけど、実はここ丸一年以上に渡ってセックスレスで、もうあまり女として見られてないいんじゃないかという寂しい思いがあって……そんなところに、近本さんの存在が見事に突き刺さってしまったんだと思います。しかも、近本さんのところには子供がなく夫婦仲も険悪で離婚秒読みか？　みたいな噂があって、そんな状況に背中を押されてしまったような感じです。

忘年会は、このご時世ということもあって外の居酒屋等ではなく、マンション内の共有設備であるコミュニティルームで、飲み物や食べ物を持ち込んでの開催でした。

集まった理事は全十人中、都合のついた六人。

理事長、幹部の挨拶から始まり、乾杯を経たあとは和気あいあいとお酒を手に親睦の飲み会となり、その後いつしか無礼講的雰囲気になっていきました。

面子の内訳は、三十代半ばから五十代前半の男女三人ずつという顔ぶれでしたが、始まって二時間が過ぎ、皆それなりにアルコールが回ってくると、最初の頃はあった他人行儀な遠慮や男女間の節操みたいなものも緩んでいきました。誰もが平気で肩を抱き合ったり、互いの体に触れ合ったりといったスキンシップを平気で交わすようになり……それなりの分別がある年齢の男女の集まりとは思えない、一種異様な乱れた空気が決して広くはない室内に充満しているようでした。

私としては、近本さんに告白するのに、とてもやりやすい感じになってきました。

彼の隣りでしなだれかかるようにすると、その手に触れながら、

「私、前から近本さんのこと、好きだったんです。私のこと、どう思いますか？」

すぐ耳元でそう問いかけたんです。ところが、

「……え？　そうなの？　嬉しいなあ……実は僕も島崎さんのこと……」

「あーっ、ちょっと島崎さん、抜け駆けはやめてよー！」

いい感じで近本さんが答えようとしてくれたところに、なんと巨乳自慢の木村さん（三十九歳）が横から割って入ってきたんです。

「ぬ、抜け駆けって……!?」

「だってそうでしょ！　理事会の女性メンバーは皆、近本さんＬＯＶＥなんだから！自分だけいい思いしようだなんて、許せないわっ！」

えーっ、そうだったの!?　やっぱり皆、感じることは同じなのねえ？

「……ま、まあまあ、気持ちは嬉しいけど、ここは二人とも仲良くしてよ。僕は皆のものだよ～ん……なんちゃって！」

困った近本さんが冗談めかして険悪な場を収めようとした、そのときでした。

「イヤよ！　近本さんは私だけのものなんだから～！　ンブチュ～～～！」

と、まったく別の方向から、妖艶な美魔女・山下さん（四十二歳）が乱入し、いきなり近本さんに熱烈なキスをしてきたんです。その勢いで近本さんは椅子ごと床に倒

れてしまいましたが、山下さんはそのまま気にすることなく覆いかぶさって唇をむさぼり続けています。

「ふ、ふざけるなー、木村ぁっ！　わ、私だってぇっ！」

思わぬ第三の女の狼藉に逆上した山下さんは、自分も二人の間に割って入るようにして近本さんに抱きつき、その唇を奪おうと躍起になりました。

そんな女二人の痴態に、なんだか私はもう呆然とするばかりでしたが、こうなると、あとの男性理事二人も黙ってはいられないようでした。

「近本さん、モテモテだなあ。うらやましい……じゃあ、まあ島崎さん、我々あぶれ者同士、仲良くやりましょうよ。ね、坂井さん？」

「そうですね、理事長。私らだってまだまだ捨てたもんじゃないですよね？」

理事長（五十三歳）と坂井さん（四十七歳）の二人が、そんなことを言いながら、私にまとわりついてきたんです。

「え、え、え……ちょ、ちょっと……な、何するんですか？　私だって近本さんがいいのにっ……ん、んぶっ！」

そして問答無用で二人がかりで床に引き倒され、理事長の唇で口をふさがれてしまいました。すごい勢いで舌を吸われ唾液を啜り上げられ、思わず頭がぼーっとなってしまいました。そんな私の服を坂井さんがテキパキと脱がしてゆき、あっという間に全裸にされてしまって……。

ちょっとーっ！　なんでこんなことになっちゃうのーっ⁉

もう頭の中が大混乱の私でしたが、お酒の酔いもある上に大の男二人にのしかかられて抗いようもなく、されるがまま……オッパイを揉み吸われ、舐めまくられ、アソコにも指を突っ込まれ抜き差しされ、舌で掻きまわされ……なんだかどんどん気持ちよくなり、意識が朦朧となっていってしまいました。

「……んあっ、あふぅ……は、はぁ……んぐっ！」

ふと気がつくと、理事長のペニスを咥えさせられ、手には坂井さんのペニスを握らされていて、二人からフェラと手コキを強要された格好になった私は、もうそれに従わざるを得ませんでした。

「うおおっ、いいぞお、島崎さん、最高の舌づかいだぁ！」

「はっ、はっ、はっ……島崎さん、もっと強くしごいてぇっ！」

二人の男に好き勝手に蹂躙されながら、はっと近本さんたちのほうを見ると、そっちでも負けず劣らぬ肉宴会が繰り広げられていました。

近本さんも、木村さんも山下さんもスッポンポンで、仰向けに横たわった近本さんの顔の上には木村さんがまたがって、自分のアソコを舐めさせながら巨乳を振り乱して悶えヨがっています。一方の山下さんも近本さんの股間の上にまたがり、騎乗位で彼のペニスをアソコに挿入しながら腰をくねらせていました。

「ああっ、あっ、あ、あ、はぁ、いい、いいわ、近本さん……オマ○コ、もっとしゃぶってぇぇっ！」

「んあ、あ、あふ、はぁっ……すごい、奥までくる～～～～～っ！」

熟女二人にまるで肉玩具のようにもてあそばれている近本さんは、二人に愛されているというよりも、性欲の奴隷のようにしか見えず、なんだか気の毒でした。

「さあ、島崎さん、向こうさんに負けず、こっちもそろそろクライマックスといこうか。まだまだ固くてブっとい私のこのチ○ポ、マ○コにたっぷり味わわせてあげるからね。……んんむ、ふっ、んぬぬ……！」

「……んあぁっ！　はひっ、ひ、あああっ……！」

私の口から抜かれた理事長のペニスがアソコに入ってくると、確かに自分で言うとおり、それは五十代という歳に似合わぬ迫力とパワーで、超エネルギッシュに私をピストンしてきて、正直、たまらない快感が炸裂しました。

「おおう、いい、締まるぅ！　うちのヤツのゆるゆるマ○コとは大違いだぁ！」

「はっ、はっ、はっ……んああっ……ん、ンぐぅ……」

そこへ坂井さんが自分のモノを咥えさせてきて、私は理事長に激しく貫かれながら、こっちも一生懸命舐めしゃぶりました。

そうこうするうち、向こうから木村さん、山下さん、そして近本さんのフィニッシュの嬌声、呻きが聞こえ、そのあと間もなく私にもオーガズムの爆発が訪れました。理事長も坂井さんも、私のカラダにそれぞれの精子をブチまけて……。

そこで肉宴会は終わらず、その後皆、相手をとっかえひっかえ痴態の限りを尽くし、ようやく終わったときは、夜の十一時を回っていました。

なんだかんだ言っても、肉体的にはこれ以上ないほどの快楽を味わい大満足した私でしたが、はて、そういえば、そもそも最初の近本さんへの想いは一体どうなっちゃったんでしょう？

まあ、六人の理事たちが兄弟姉妹になっちゃった今、考えてもあまり意味のないことかもしれませんね。

■男はその怖いくらいにいきり立った男根を私の眼前に突きつけてきて……

忘年会の帰りに私を襲った衝撃のレイプ・エクスタシー!

投稿者 南麻由子(仮名)/27歳/パート

生まれて初めて、レイプの被害に遭ってしまいました。

その体験はあまりにも怖くて、つらくて……でも一方で、否定しがたい快感に満ちたものでした。

あれは去年の暮れのこと。

夜の十時半過ぎ頃、職場の忘年会を終えて、私はいい感じで酔っぱらって体も火照っていたもので、酔いざましに夜風に当たって帰ろうと、タクシーなら十分ほどの家まで、徒歩で帰宅することにしました。同僚たちからは「危ないからやめなよ」とさんざん言われたのですが、「だいじょーぶ、だいじょーぶ!」と、酔っ払い特有の能天気さで、まるで聞く耳持たず……。

そして歩き始めて十五分ほどが経った頃でしょうか。

私は強烈な尿意を覚えてしまったんです。

でも、家まではあとまだ二十分ほどはかかるので、とてもそこまでガマンできそうにはありません。かと言って、その界隈は民家も少なくコンビニすらない殺風景な地域で、私は半ば仕方なく、人目につかないその辺の道端で用を足すことすら覚悟し始めていました。

でもそこで、視界に小さな公園が入ってきたんです。あ、確かあそこには公衆トイレがあったはず……。

明かりもほんのわずかな夜闇の中、決してきれいとはいえないそんなところで用を足すことなど、普段なら考えられないことですが、そのときの私は激しい尿意に加えて、アルコールによる高テンション状態だったこともあって、さしたる抵抗もなくそこに駆け込んでしまったんです。

そこは男女用の区別もなく、男性用の小便器と洋式の個室が一つずつあるだけの本当に小さな公衆トイレでしたが、思いのほか汚くなかったことを覚えています。

私はその個室に飛び込むと、慌てふためきながらスカートをまくり上げ、ストッキングとパンティを足首までずり下げつつ、便座の上に腰かけました。そして目の前のドアをボーッと見上げながら放尿し、その安堵感と恍惚感に浸っていました。

そしてようやく膀胱も空になり、私はホッと溜息をつきながら足首でたわまっているパンティとストッキングを引き上げるため手をかけ……ようとした、まさにそのときでした。いきなり目の前のドアが開いたのは！

そこに立っていたのは、上下黒っぽいジャージに身を包んだ、見るからにいかついガタイの男性で、その顔は目出し帽で隠されていました。

「キャッ………！」

あまりの驚愕に思わず声をあげようとした私でしたが、その口には即座に丸めたハンカチのようなものが押し込められ、叫びは封じられてしまいました。そして相手はそのまま後ろ手にドアを閉めると内鍵をかけ（私は急ぐあまりにかけ忘れてしまっていたのでした）、そのごつい手でがっしりと私の両肩を押さえつけるように摑んで言いました。

「おとなしくしろ。そうすりゃ痛い目には遭わせないから。わかったか？」

私はもちろん、一気に酔いなどさめ、恐怖のあまりウン、ウンと頷くしかありませんでした。目出し帽の下の顔がニヤリと歪むのがわかりました。

「ふん、いい気なもんだな。あんた主婦だろ？　こちとら例の騒ぎで仕事もダメになって、毎日なんとか生きてくだけで精いっぱいだっていうのに、のんきに酒かっくらって酔っぱらってよ……なあ、ちっとは、俺にもいい思いさせてくれよ！」

そしてそんな逆ギレめいたことを言いながら、私の羽織っていたブルゾンを引っぺがすと、セーターを思いっきりめくり上げ、ブラ姿をさらけ出されました。

「くうっ、モコモコのブルゾンでわからなかったけど……なんだ、あんた、いい乳してるじゃねぇか。ますますたまんねぇな、こりゃ！」

男は息を弾ませながらそう言うと、ブラをグイッと上にずらし上げ、その勢いで私のナマ乳房がブルンと震えるようにこぼれ弾みました。冬の夜のひんやりとした空気が剝き出しの乳首にキリリと刺さるようでした。

男はがぜん鼻息を荒くすると、大きな手で左右の乳房を覆い摑み、力任せにギュムギュムと乳肉を揉みしだいてきて、その痛みたるや半端ではありませんでした。

「……んっ、んぐふ、ううっ……んぐぅ……！」

私の苦痛の呻きがさらに興奮を煽るようで、男の揉みしだきはさらにその激しさを増し、それは激痛ともいえるものでした。私の目からは涙がこぼれ、痛すぎてもう堪えきれない……それほど切羽詰まっていたんです。

ところが、それに加えて男が乳首に舌を触れてきたとき、そんな私の感覚は百八十度逆転してしまいました。

男の、分厚いくせに妙に長い舌が乳首にからみつき、ニュルニュルと舐めうごめくことによって生じた感触がそれまでの激痛と合わさることで、いったいどんな化学反応なのでしょう？　とんでもない快感へと変わって私の全身を震わせたんです！

「……んあっ、んはっ、んふ……ぐぅ、んんんん～～～～」

　苦痛のそれから甘美な呻き声へ、その変化を敏感に感じ取ったであろう男は、ますます興奮のボルテージを上げ、自分のジャージズボンを引き下ろすと、その怖いくらいにいきり立った男根を私の眼前に突きつけてきました。そしてもう、私がこの期に及んで無駄に叫んだりはしないと踏んだのか、口中のハンカチを抜き取って、フェラチオを強要してきました。

　私はなんの抵抗もなくそれを口に含み、舐めしゃぶっていました。汗くささと多少のオシッコくささはありましたがほとんど気にならず、私は一心不乱にそれを味わい、しかもなんと、同時に自分で自分のアソコを指でいじっていたんです。

「う、うお……す、すげぇな、あんた……たまんねぇ、エロすぎるぜ」

　男は感に堪えたようにそう言うと、私の体を引っ張り上げて立たせ、場所を入れ替わって私にドアに向かって手をつかせました。そして背後から私の尻肉をしっかりと摑むと、バックで男根を突き入れてきました。

「んあっ、あっ……あひぃっ！」

「くあぁっ……久しぶりの生マ○コ……さ、最高だぁっ！」

男はものすごいスピードと力強さのピストンで私の柔肉を責めたて、その一突き、一突きごとに炸裂する快感の火花に、私の性感は際限なく熱く煽られるようでした。

そうこうするうち、男の抜き差しがぜん荒々しく切羽詰まったようになってきました。クライマックスが近いようです。それを淫らに察したかのように、私の官能も一気に昂ってきました。

「う、うぐ……イ、イク……イクぞっ……ん、んんっ！」

「あ、はふっ……んあっ、あああっ！」

男はとっさに男根を引き抜き、私の腰の上辺りに精を放ったようでした。私はそれをおぼろげに感じながら、絶頂に昇り詰めていたんです。

男が去ったあと、私は乱れた服装を整えながら、しばしの間、快感の余韻に浸っていました。無理やり犯されるレイプＳＥＸがあんなに気持ちいいものだなんて……クセになってしまいそうな自分が、ちょっと怖かったくらいです。

■牧村さんは、少し陥没してて恥ずかしい私の乳首をしゃぶり吸い上げてきて……

店先で常連のお客さんと激しくまぐわい乱れた暮れの夜

投稿者 高畑奈々（仮名）／32歳／自営業

夫と二人で小さな居酒屋を営んでいます。

昨年の年末、暮れもだいぶ押し迫り、忘年会シーズンもひと息ついた頃でした。夫の仲の良い仕事仲間が急逝し、お通夜、告別式が行われることになりました。当初、夫は店のことがあるから出席をあきらめようとしていたのですが、私は夫がどれだけ故人と親しかったかを知っていたので、こう言ってあげました。

「一番の書入れどきも過ぎたから、私一人でもきっとなんとかなるわよ。大丈夫、お店のことは私に任せて、ちゃんと心置きなく、さよならしてあげてきてちょうだい」

「わかった。ありがとう。恩に着るよ」

喪服を着た夫は少し目に涙を浮かべながら、出かけていきました。恐らく他の仲間たちと故人を偲んで夜通し飲むことになるでしょうから、帰りは明日のお昼頃になるはず。さあ、いくらそんなに混まないだろうとはいっても、一人営業で気合い入れてがんばらなきゃ、私！

夕方四時に開店し、ほどほどのお客の入りでまあまあ忙しく切り盛りしながら、七時、八時、九時……と過ぎていき、とうとう閉店の十二時まであと少しというところまで来て、最後のお客さんが帰っていきました。

さて、オーダーストップまであと五分……もう閉めてもバチは当たらないわよね。私がそそくさと閉店の準備にとりかかろうとしたときのことでした。

「こんばんは〜。まだ、大丈夫かな？」

そう言って店先の暖簾をくぐって入ってきたのは、週イチで来てくれる超常連の牧村さん（三十七歳）でした。一見さんならいざ知らず、さすがにそんな上得意のお客さんをここで追い返すわけにはいきません。私は、

「あ〜ん、ほんとはもう閉めようと思ってたんだけど、マキさん（彼の愛称です）ならしょーがないなー。ほんと、メーワクーッ！」

と冗談めかして迎え入れ、ただし、もうこれ以上他のお客さんが入って来ないように暖簾をしまうと店先の照明を落とし、本日閉店の札を表にかけました。

そしてサシで牧村さんの接客を始め、ビールを注ぎながら、今日夫がいない顛末を話しました。「そうなんだ。それは大変だね〜」牧村さんは私のお酌を受けながらそ

う言いましたが、その目が一瞬、妖しく光ったように思えたのは、私の気のせい？

……いえ、気のせいではありませんでした。

しばらく後、牧村さんが「ねえ、奈々ちゃん、他にもうお客さんもいないことだし、カウンターから出て来て、僕の隣りにおいでよ。たまには一緒に一杯やろうよ」と言い、若干酔いの回ったギラついた目で手招きしてきたんです。

もちろん、普段、夫が一緒にいるとき、そんなようなことをしたことはありません。あの人、けっこうヤキモチ焼きなもので、そういうことをすると機嫌が悪くなるんです。でもその日は、自分一人だけでがんばったという自負もあって、たまにはちょっとハメをはずしてもいいよね？　と、牧村さんのお誘いに乗ってみることにしたんです。

「はい、今日はお疲れ様！　かんぱ～い！」

「ありがとうございます！　かんぱ～い！」

牧村さんと二人で、さしつさされつが始まり、ついつい調子に乗って私のビールを飲むピッチは上がっていきました。牧村さん、ほんと勧め上手なんです。

「お～っ、いい飲みっぷり！　気持ちいいね～っ！」

そんなふうに煽られて、どんどん酔っぱらってっちゃって……。

ふと気づくと、隣りに腰かけた牧村さんの顔が、ものすごい近くにありました。

「え、え、え……マ、マキさん……？」

「奈々ちゃん……」

次の瞬間、牧村さんの唇が私のうなじに触れていて、熱い鼻息を吹きかけながら、耳朶から首筋にかけてをツツツーと……舌で舐め回してきました。思わずゾクゾクと甘く妖しい戦慄がカラダを駆け抜けました。

「……んあっ、だ、だめ……やめて、マキさんっ……んふっ……」

口では辛うじて、そう抵抗を示した私でしたが、すでにアルコールで熱く火照っていることもあって、肉体は彼の不埒なアプローチに篭絡されかかっていました。続いて彼の手が接客用の着物の襟元をこじ開けて侵入し、胸の谷間に差し込まれたときには、蕩けるような恍惚感に包まれていたんです。

「ん？　何がだめだって？　だめじゃないだろう？　いつも俺に色目使ってたくせに……本当はこうされて嬉しいんだろう？　え？」

「えっ？　そ、そんなことない……色目だなんて、私……っ……」

本当に使ってない？　いえ、牧村さんのこと、実はいいなって思ってたんじゃないの、私……？　そう、確かに彼のことを異性として憎からず思っていた私は、図星をつかれ、動揺すると同時に、言いようのない興奮状態に陥ってしまっていました。

「自分に正直になりなよ、奈々ちゃん。今からたっぷりこのカラダに聞いてあげるから さ、二人でたっぷり楽しもうよ、ね？」

牧村さんはそう言いながら、ぐいぐいと力任せに帯をほどき、私の着物を脱がし剝ぎ取っていきました。

「おおっ、とうとうお目にかかれた、奈々ちゃんの生オッパイ！　う〜ん、想像してた以上にでかくて、白くて……ああ、たまんないよおっ！」

そう呻くように言うや否や、彼は私の乳房にむしゃぶりついてきました。たっぷりの乳房を舐めむさぼり、少し陥没してて恥ずかしい私の乳首をしゃぶり吸い上げて……いけない快感がゴウゴウと流れ込んできます。

「あひっ、ひあっ……あ、ああっ……マ、マキさんっ……んはっ！」

「ほらほら、俺のこいつも見てくれよ！　奈々ちゃんと早くやりたくて、こんなにギンギンになっちゃってるよ、ほらっ！」

ズボンを脱いだ牧村さんが私の眼前に突き付けてきたソレは、確かに彼が言ったとおり、ギンギンに大きく、いかにも固そうにそそり立っていました。そしてそれを見た瞬間、私は自分のアソコが燃えるように熱くたぎり、洪水のように激しく潤むのを感じました。

「ほら、奈々ちゃんのここも、もうすっかりドロドロだ。俺の欲しくてたまらなくなってるんだね。よし、奥の奥まで突きまくってあげるからね」

「……あ、ああ、あん……あああああっ！」

はだけられた着物の下、下着をつけていない私の剝き出しの蕩けマ◯コに、牧村さんの鋼鉄のようなチ◯ポが突き入れられ、ガンガンと速く激しく、そして子宮に届かんばかりに深くまで掘削してきて……！

「あひっ、あはっ……あん、はぁ、あ……す、すごい……」

「くううっ……すげぇトロマンだぁ！　気持ちよすぎて俺のチ◯ポも溶けちまいそうだよお……うくっ……ああ、も、もう出そうだぁ……んくッ！」

「あん……あ、ああ……イク、イク～～～～～～ッ！」

時刻は夜中の十二時を回ったものの、すぐ外の通りにはまだ人々も行き交っている中、私と牧村さんは獣のように互いをむさぼりイキ果てて。

これから先、牧村さんがお店を訪れるたびに、私はこの日の恥ずかしい悦楽を思い出しながら、たまらない気持ちになってしまうのでしょうね。

■濡れていない肉穴にぎゅうぎゅうと鉄の塊がこじ入れられ、私のアナルは裂けて……

夜のオフィスで繰り広げられる掟破りの3Pエクスタシー

投稿者 滝沢夕美(仮名)／29歳／OL

金曜日の午後八時半。

総務課で残っているのは私一人だけ。後輩の女子社員たちはこぞって合コンに行ってしまい、『年輩』の私に残業が回ってきた。月曜朝イチの会議の書類をたった一人で作成して、今しがた終わったところ。スマホの画面に出た時刻を見てビックリだ。

「サービス残業三時間半もしちゃったじゃんっ！」

さっ！　コンビニでビールとハイボール缶買ってとっとと帰ろう！　冷蔵庫に鶏肉とキャベツ残ってたっけ……ああ、でも作るの面倒くさい、適当におかずも買って帰ろう……などと考えながら、オフィスを出て廊下をエレベーターに向かうと……カツン、カツン……と、どこからともなく奇妙な音が聞こえてきた。

(やだ、怖い……何の音?)耳を澄ますと、はす向かいの会議室のほうから物音がする。部屋の灯りは点いておらず真っ暗なのに……(気のせいかしら?)いや、確かに音がしてる。一定のリズムの機械的な音のような……。

　すると続いて聞こえてきた、「アゥ……オオオ……」低い呻き声に、私はすぐにピンときた。ハゲ部長だ！（マジ？　会議室でヤッてるぅ～～～！）

　そういや以前にも……お局と陰で呼ばれていた三十八歳の綾乃さんと不倫関係にあったハゲ部長が、ラブホテル代をケチって時々会議室でまぐわっている、って噂が立ったっけね。綾乃さんはその口さがない噂に耐え切れず、半年前に退職してった。あれ、じゃあ一体誰がハゲ部長とヤッてるの？

「オゥ……オオ……」ハゲ部長の呻き声を聞きながら、この目でその相手が誰なのか見届けたい！　と私は好奇心の塊となって、ソロ～リと会議室の扉を開けて暗闇に目を凝らす。だだっ広い会議室の窓際に確かに二つの人影が揺れている。一人がホワイトボードにつかまり、その後ろでハゲ部長が前後上下に腰を振りまくっている。一目で（バックでヤッてる）ことがわかるわね。（ヤラれてる女はだあれ？）ど～しても顔が見たい、誰だか知りたい！　私はできるだけ距離を詰め、さらに目を凝らす。と、そのとき、窓の外の車のヘッドライトが二人の顔を仄かに浮かび上がらせた。

（え？　え？　……同期の近藤博之？）

　一瞬見間違えたかと思ったとき、ハゲ部長の声が聞こえた。

「ハァハァ……どうだい、近藤くん、アナルセックスもなかなかいいだろう？」

「はい……部長……ハァハァ……最初は痛かったですが……だいぶ慣れて……今では気持ちよくなってきました……」

　まさか、まさかの男同士！　こいつらゲイだったの？　いや、部長は女っ垂らしで有名だから、両刀使いなんだわ～～！　同期で一番おとなしい近藤くんったら、かわいそうに、ハゲ部長の餌食になってしまったのね……憐れんでみたものの、目の前の異様な光景に、なんだか私のアソコももうぐっちょり濡れちゃって。しかも……近藤くんのアナル目がけて出し入れする部長のおチン◯ンのなんと立派なこと！

　そこで、ガタンと机に腰が当たってしまった。私ときたら二人の卑猥すぎる情景を見ながら思わずオナッてしまって、ついよろけたのだ。

「だ、誰だ、そこにいるのは⁉」

　部長の声がワナワナ震えてる。ここはもう開き直るしかないわね……。「総務課の滝沢です。お、お楽しみのところ、お邪魔しました」一応謝ってみせておく。

「た、滝沢さんか……な、どうか頼む、このことはどうか内密に……」

　お、意外な反応。そこで私はおチン◯ンがしぼんできたハゲ部長が困っているのを逆手にとってみる。

「私も混ぜてくれたら、内緒にしてあげてもいいですよ?」

「……えっ?」

唐突な提案に二人はぽかんとしたみたいだけど、私は本気だった。かれこれ三年近く男とセックスしていない私の体は飢えている。ただここで人のゲイSEX見てオナッてるだけじゃ気がすまないのよっ!

「よし。それならこちらに来なさい」部長は近藤くんの横に私を並べて前屈みになるよう命じてきた。言われたとおりその体勢をとった途端、「ひゃあっ!」部長は私のスカートをたくし上げ、パンストとパンティを一気にずり下ろすと、さらけ出されたぬめった秘穴にズブズブと再勃起したおチン○ンを押し込んできた。

「うぁぁぁぁ〜〜!」やっぱり大きいわ〜〜……私の膣のヒダがプチプチと裂けていくような感触……固くて太い侵入者が無遠慮に私の奥底まで突き進んでくる。

「ああ〜〜、イイ〜〜〜、部長のソレ……イイですぅ」私の言葉に気を好くした部長がゆっくりと、でも深々とピストン運動を始めた。と、同時に横で棒立ちになってた近藤くんが、私の胸をまさぐりながらブラジャーの中に指を忍び込ませてくる。ツンと立ったピンク色の一番脆い部分を摘まれて、「アアン……」甘い吐息が洩れる。

「滝沢さんのココ、想像してたより締まりがいいねぇ……ハァハァ……」

「部長ったら……ハァハァ……私のココ、どんな風に想像してたんですか？　……あっ、あああん！」近藤くんが私の乳房を鷲摑みにして乳首をぺろんぺろんと舐め回してきたものだから、私はますます甲高く喘いでしまう。「そこもっと……舐め回してぇ〜〜」それを受けて近藤くんは中腰になって、私の両乳首に交互に愛撫を加えてくれた。

「おお〜〜、どんどんラブジュースが溢れてくるぞぉ〜〜、生暖かいぞぉ〜〜」

パンパンパンパンと部長が音を立てて出し入れする。

「ああ〜〜だめぇ〜〜、もうイッちゃうぅ〜〜」

私は腰を振り乱して、簡単に果ててしまった。部長も続けてイクかと思いきや、「ほら、今度は君が交尾しなさい」と言って大きな竿をスス ッと抜いて近藤くんにバトンタッチした。「はい、部長」上司の命令には逆らえないのだろう。近藤くんは瞬時にして私の後ろに回り、これもまたなかなか立派な勃起したイチモツを、既に開花しまくっている私のビチョビチョの花びらの中に押し込んできた。

「んっ……んん〜〜！」これまた凄い逸品！　灼熱を帯びた鉄のような塊が、ぐちゃぐちゃ、ねちゃねちゃと膣を掻き乱してくる。

「おおおお〜〜〜〜っ！」近藤くんはその若さにまかせて腰を振りまくり、あっという間に私の中で果ててしまった……。（ウソ、早すぎ……）私が呆れていると、近藤くんが満足げに私から体を離すや否や、また部長が交代して私の後ろに立った。

部長って絶倫ですね、そう言おうとしたとき、「ひゃぁ～！」思わず声が出た。

なぜなら「僕、最近はココじゃないと燃えないんでね」と言うなり、部長が私のアナルにズボズボと大きなおチンチンを封じ込めようとしてきたから。

「い、痛いっ、やめてぇっ……！」

「すぐによくなるから、我慢しなさい！　ほら近藤くん、押さえて！」「はい、部長！」近藤くんは私の腰を強く押さえつけた。

「いやぁ～～！」

「大丈夫だから！　本当にすぐにいい気持ちになるからさ」

近藤くんはヒヒヒと笑って、私が部長にアナルを責められるところを興奮した面持ちで眺めてる。

濡れていない肉穴にぎゅうぎゅうと鉄の塊がこじ入れられ、私のアナルは裂けて血がにじんでいるかもしれない。

「いやぁ～～～！」私が泣き叫ぶと、余計に二人の男たちは興奮した。これじゃあまるで強姦ではないか……その異常な光景をふと他人目線で想像してみると、なんだか私も徐々に気分が昂ってきた。

「感じてきただろう？　ハァハァ……こっちの穴も濡れてきたよ……」

え、そうなの？　アナルも感じると濡れてくるの？　まさか、ね……。

でも、抜き差しされる度に確かにヌルヌル感が増してくる、そしてだんだん気持ちがよくなってくる……。

「うぉぉぉぉ〜〜〜〜！」

いよいよ部長が激しくパンパンパンパンパンと突き上げて果てようとした瞬間、

「私も……イクぅ〜〜〜〜〜〜！」

なんと私はアナルでオーガズムに達してしまった。

まさか、ここにも性感帯が潜んでいたとは！　私は部長の精液をアナルから、近藤くんの精液を膣から、ぶにょぶにょとだらしなく垂れ流しながら、かつてない快感の余韻に酔いしれていた。

帰り支度をしながら、私は二人から次の約束を取り付けた。だって、こんなにイイセックス、生まれて初めてだったんだもん。

いいこと、二人とも？　万が一約束を守ってくれなかったら、部長と近藤くんの関係を社内にバラシますからね、そこんとこよろしく〜。

■血流が激しく巡り集中し、ビンビンに勃起した乳首が今にももうはち切れんばかり……

大晦日のまさかの年越し行きずりエッチでイキ悶えた私

投稿者　板野麻衣子（仮名）／31歳／パート

　去年の暮れ、というか大晦日、知り合いのおそば屋さんに頼まれて、一日だけの年越しそばの出前のバイトをしました。大掃除やらお正月料理の仕込みやら、自分ちの家事もかなり大変で、引き受けようかどうしようか迷ったんですが、やっぱり実働六時間で一万五千円という破格のバイト料の魅力には抗えず……。

　初めて大晦日のおそば屋さんで働いたわけですが、とにかくもうものすごい忙しさでした。元々おいしいお店としてこの界隈では有名なところだったんですが、店内で食べる人は常時二時間待ちの大行列、出前の注文もひっきりなしで、『書き入れ時』というのはまさにあのことですね、ほんとたまげました。

　でも、いちばんたまげたのは、私が最後に出前の品を届けたお客さんの家で起こったこと。主人にも誰にも言ったことのない秘密ですが、告白しちゃいますね。

　その注文を届けたのは深夜の十一時半過ぎのこと。

私は今日一日の超重労働でもうへとへとでしたが、これを届ければおしまい、めでたくバイト料一万五千円ゲットだぜ！　と気力体力を振り絞り、自転車を駆ってその最後のお宅を訪ねました。

そこはごく普通のワンルームマンション棟で、お客さんの部屋は最上階のいちばん奥の角部屋でした。呼び鈴を押して出てきたのは、歳の頃は四十歳前後、どことい って特徴のない細身の地味な男性でした。見た感じ中小企業の係長クラスってとこでしょうか。外で見かけても気にも留めないような。

「お待たせしました。ご注文は天ぷらそば一人前でしたね。千五百円になりまーす

（もちろん、普段より割高な大晦日価格？・）」

そう言って私がおかもちから取り出し、おそばの器を玄関先に置くと、

「ご苦労さまです。あの、お姉さん、お店の若女将か何か？・」

「いえいえ、今日だけのしがないバイト主婦ですよお。えへ、そんなふうに見えます？・」

私は『若女将』と言われたことがちょっと嬉しくて、多少浮き立った声音でそう答えながら、彼が代金を払ってくれるのを待ちました。すると、

「うん、見える見える。その品のいいかんじは、とてもその辺のバイト主婦とは思え

ないよ。ねえ、よかったら一杯だけつきあってかない？　一人でビール飲みながらテレビ見てるのなんて寂しくって」

などと言いながら、やぶからぼうにお酒を誘ってきたんです。

もちろん、普段の私なら応じるはずもありませんが、これで今日の仕事は終わりという安堵感と、聞くところによると関西のほうに妻子を置いて、せつない単身赴任中という彼の境遇に若干同情したのもあって、「じゃあ一杯だけなら……」とつきあってあげることにしました。今考えると、ほとほと甘すぎる私でした、ハイ。

「ほんと？　嬉しいな～！　さあ、上がって、上がって！」

私は彼に促されるままに靴を脱いで三和土（たたき）を上がり、室内へ足を踏み入れました。そして入ってすぐのキッチンのダイニングテーブルに彼と向き合って座ると、缶ビールをグラスに注ぎ合って乾杯しました。

「おおっ、いい飲みっぷりだねえ！　さ、さ、遠慮しないでもう一杯いこうよ！」

いやもう、私ってば嫌いなほうじゃないから、ついつい調子こいて注がれるままに続けてグラスを二杯、三杯と空けちゃって……気がつくと、けっこう酔ってしまっていました。意識を失うほどじゃないけど、十分足元は危ないレベルに。

するとがぜん彼の言動が妖しくなってきました。

「お姉さん、酔うとますます色っぽいねぇ……白い肌がほんのりピンク色に染まって、目が潤んでうつろになって……ああ、たまんない、ねえ、俺のこと、慰めてくれよお。ひとりぼっちで寂しくて仕方ないんだよぉ！」

おもむろに、むずがる子供のようにそう呻くと、席を立ってやってきて、背後から私を抱きしめてきたんです。その細身の体に似合わぬ力強い締めつけが、服の上から私の胸のふくらみを、息苦しいほどギュ～ッと圧迫してきて！

「っあああっ、な、何するんですか！　や、やめてくださいっ！　あんっ！」

「何言ってんの⁉　こんな初対面の男の誘いに乗って家に上がって、勧められるままに酒飲んどいて、今さらそんなしらじらしいこと言われてもなあ……あんたも子供じゃないんだから、どうなるかなんてわかってたでしょ？」

「そ、そんなこと言われても……ち、ちがうっ……！」

「ちがわない、ちがわない！　さあ、こんな寒い大晦日の夜は、二人であつく燃え上がって楽しもうよ！　ね？」

もうとりつく島がありません。

彼は、アルコールの酔いで脱力してしまった私の体を易々と操って服を脱がし、ブラも外してしまうと、背後から両の乳房を鷲掴んでわしわしと揉みしだいてきました。

「……あんっ、あ、はあっ……だ、だめっ……やめてったらぁ！」

「はぁ、はぁ、はぁ……大声あげてもいいけど、ムダだよ。このマンション、防音だけは完璧だから、いくら叫んでもよそには聞こえやしない。……ああ、柔らかくてボリューミーで最高の揉み心地だあ……たまんねぇっ！」

「んあっ、はぁっ、あ、んくふぅ……」

問答無用で揉まれているうちに徐々に性感を刺激されてしまい、快感が昂ってくるのが自分でもわかりました。血流が激しく巡り集中し、ビンビンに勃起した乳首が今にももうはち切れんばかりです。

「ああ、もうガマンできねぇっ……」

そう言って彼の体がいったん私から離れ、ガチャガチャとズボンのベルトを外すような音がしました。そして床にどさっとズボンやら何やらが落ちる音がしたかと思うや否や、私はいきなり両脇を持って立たされました。そしてそのまま上半身をテーブルの上にうつ伏せに倒され、あれよあれよという間にジーンズと下着を脱がされて下半身も裸に剝かれてしまい……私の乳房の肉がテーブルに押しつけつぶされ、無惨に、かつエロチックにたわんでいます。

と、次の瞬間、

「あひっ、ひぃ……ああっ、あ、はあっ……！」

背後から熱く固い肉の塊がアソコを貫いてきて、私はそのあまりの衝撃に絶叫してしまっていました。もちろん、それは彼のペニスでしたが、その細身の体型に似合わぬ極太の力感に、私は嬉しい（？）悲鳴をあげてしまっていたんです。

「ああ、はあ……いいよお、お姉さん……たまらん締まり具合だ……う～ん、やっぱり一か月ぶりのオ◯コはいいなあぁ……はぁ、はぁ、はぁ……」

「んあっ、あっ、はぁ、ああん……あうん……！」

そうやって時間にしてものの五分、彼はバックから一気呵成に抜き差しした末、私の腰骨の辺りに向けて大量の精をほとばしらせ、私自身も他愛なくイキ悶えてしまったのでした。

こうして大晦日の思わぬ行きずりの快感を愉しんだ私でしたが、ただひとつ残念なのは、もちろんせっかくのおそばは完全に伸び、冷めてしまい、彼に自慢の味を味わわせてあげられなかったこと。

ま、代わりに千五百円で極上の生オ◯コを愉しめたんだから、いいか？

■沙羅は女陰からおびただしい量の淫蜜をたれ流しながら、腰をひくつかせて……

かつての教え子に懇願され肌を合わせた真冬の熱い一日

投稿者　向井翔平（仮名）／32歳／教師

それは年明け間もない、まだ世間もお正月気分の抜けていない一月初旬のこと。

私は勤めている高校の、大学受験用の冬期補習授業を終え、雪のちらつくまあまあ寒い天気の中を歩いていた。これからコンビニに寄って妻に頼まれた切り野菜のパックなんかを買って帰って、ビールでも飲みながら録画してあるサッカーの天皇杯決勝の試合でも観るかな、などと思いながら。

が、そこで思わぬ声が後ろから聞こえてきた。

「あれ、向井先生じゃないですか！」

「おっ、なんだ、城山か？」

私に声をかけてきたのは、かつてクラス担任もしたことのある、元教え子の女生徒、城山沙羅だった。え～っと……当時十八だから、今は二十四くらいか？

「やだなー、先生、今は結婚して本田沙羅！　もう一歳の息子もいるんですよ！

……あ、てか、あけましておめでとうございます～っ」

「おう、おめでとう！　そっかー、あのバリバリのコギャルだったおまえも、今や一児の母かぁ～……そりゃ俺も年取るわけだよな～」

「やだな～、先生、まだ全然若いじゃん！　昔と変わらずステキだよ！」

確か三年ほど前にプチ同窓会があって会って以来、ちょい久しぶりの気軽なやりとりを交わしていた私たちだったが、この「昔と変わらずステキだよ！」という言葉が彼女の口から出た瞬間、えも言われぬ張り詰めた空気が、二人の間に漂った。

実はかつて、沙羅が私の教え子だった高校三年生の頃、どこからともなく『沙羅が向井先生のことを好きだ』という噂がクラス中に広まり、私としては教師という立場である手前、「おいおい、あんまり無責任に茶化すんじゃないぞ！　なあ城山？」というフラットなかんじを保ったのだが、彼女のほうは否定することなく……それどころか、面と向かって告白してきたのだ。

「先生、あの噂、ほんとだよ。私、先生のことが好き……先生のこと、世界で一番ステキだと思ってるんだよ！　お願い、つきあってよ！」

先にも書いたが、彼女はいわゆる『コギャル』で、パッと見は派手でいかにも遊んでそうな女子高生だったが、その内面は実は純情でやさしいことがわかっていた私は、正直、そうやってまっすぐに気持ちを伝えられて、強烈に心が動いたのだが、もちろん、だからといって応えるわけにはいかなかった。やんわりと断り、その後ウワサだと、彼女は私にフラれたショックで丸三日も泣き明かしたらしい。

それもまあ、時間とともになんとか落ち着き、卒業する頃には一応笑顔で送り出すことができて……というのが一連の経緯だった。

「はは、ありがとう。そう言ってもらえて嬉しいよ。まあほんとは、脱ぐといいかんじでお腹にぜい肉ついてるんだけどね」

「あはは、やだぁ～っ！」

「とにかく、城山……いや、沙羅が幸せそうでよかったよ」

ところが、私がそう言った瞬間だった。

なんと彼女は、道端で人目もはばからず泣き出してしまったのだ。

「ううっ……せ、せんせい、わ、わたし……うあぁん……」

「お、おいおい、どうしたんだよ、沙羅！　ちょっと、なあ！」

うろたえた私は、とりあえず急場をしのぐために彼女の肩を抱いて歩きだし、なだめながら話を聞いた。すると、その内容はこうだった。

彼女は二年前に八才年上（俺といっしょだ）の男と結婚して嫁いだのだが、向こうの姑がそれはもうきつい人で、毎日いびられっぱなし。夫にそのことを訴えても、生来のマザコンらしく母親の言いなりで何の助けにもならず、そのあまりの結婚生活のつらさに時には自殺さえ考えたことがあるのだという。しかし、残される幼い息子のことを考えるとそうもできず……今も日々、離婚を考える毎日なのだと。

「そうだったのか……つらいな、沙羅」

そんなことしか言えずに、ただ彼女の肩をやさしく抱き撫でるだけの私だったが、そのときおもむろに彼女が言った。

「先生、お願い、抱いて。私と……セックスして！　今でも大好きな先生に愛してもらえたら、私、これから先、まだまだがんばれそうな気がするの。ね？」

「ば、ばか、なんてことを……俺ら二人とも結婚してるっていうのに……」

思わぬ懇願に、慌ててそう諌めようとした私だったが、彼女の自分を凝視する目を見て、言葉が続かなくなってしまった。それはあまりに必死でまっすぐで、とても拒絶できない真摯さに満ち溢れていたから……。

「今から……いいのか？」私は訊いていた。

「うん。私は今、ファミレスのパートの帰りで、息子は姑に見てもらってるから、二時間くらいなら大丈夫。孫には甘いのよね……あはは」

それを聞いて私も妻に電話を入れ、途中で知り合いに会ったから少し遅くなると伝えたあと、ホテルへ向かうべく、沙羅の手を引いて歩き始めた。

比較的近い場末のラブホテルに入ると、部屋に着くなり沙羅は私に抱きつき、キスしてきた。激しく唇をむさぼり吸い、舌をからめてくる。

「はぁ、はぁ、はぁ……んあっ、せ、先生……すき、だいすきっ……んんっ」

その勢いに押され唾液を啜られながらも、私も彼女の服に手をかけ脱がし始めた。ダッフルコート、セーター、コットンシャツ……と一枚一枚剝がしていき、とうとうきれいなピンク色のブラが現れた。ぐっと寄せられたそのボリューミーな胸の谷間を、お互いの顎から滴った二人の混じり合った唾液が濡らしていく。

私はブラを外し、まだまだ張りを失っていない、その若くフレッシュな乳房に吸いつき、口で愛撫し始めた。白くやわらかな乳房を食み、ツンと立った乳首をねぶり回して……「あっ、はあっ……せ、先生……いい～～～っ！」沙羅は甘くせつなく哭きながら、彼女のほうも手を伸ばして私の服を脱がしてきた。そして私もまた彼女に乳首を吸われ、「あう、うう……はぁっ……」その男といえども否定しがたい快感に、恥ずかしげもなく声をあげて悶えてしまう。

そして私たちは下も脱いで、お互いに全裸の体をさらし合った。

私のペニスはもうすっかりいきり立っていて、その前に膝をつくと、沙羅は天を突く頂からソレを喉奥深く呑み込み、ジュッポ、ジュッポと音をたてながら、大きく淫らにフェラチオしてきた。豊かな乳房をブルン、ブルンと揺さぶりながらしゃぶる、そのエロチックすぎるビジュアル・インパクトも相まって、あっという間に私の性感も昂ってしまう。「ヤバい！」と感じた私は彼女を制し、ベッドにその体を横たわらせると、左右に大きく脚を広げさせて女陰を吸いたてることで、インターバルをとった。

「ああっ、先生っ……いい、か、感じるぅ……んあっ、あん、ああ……！」

沙羅はおびただしい量の淫蜜をたれ流しながら、腰をビクビクとひくつかせて悶えおののいた。その間に、ようやく私のペニスも態勢を立て直すと、改めてシックスナインの体勢で二人愛し合う。

そしてその挙句、とうとう我慢できず沙羅が懇願してきた。

「ああ……先生、もう……もう入れて、先生のオチン○ン……私のオマ○コ、奥の奥まで貫いて、犯しまくってほしいの～～～っ！」

「ああ、わかった！」

私は、自分の極限まで膨張したペニスにコンドームを被せると、正常位の体勢で彼女の腰に密着させ、その目を見つめながら一気にグイッと挿入した。熱くぬかるんだ女肉が淫靡に食い締めてくる。

「ひあぁ、あ、あああん……せ、先生っ……あう～～～～～っ！」

「ああ、沙羅、沙羅、沙羅ぁ～～～～～っ！」

私はその体を破壊せんばかりの勢いでピストンを繰り出し、激しく腰を打ちつけ、彼女もそれに応えるかのように腰を跳ね上げ、ヨがりまくる。その果てに、いよいよ私にも限界が迫ってきた。

「あ、ああ……沙羅、イク……イクよっ……あううっ！」

「ああ、先生、きて……きてぇっ……あああぁ～～～～～～っ！」

私はコンドームの中に精を放出し、沙羅も失神したのかと思うほど激しく達し……そのまま上半身を起こして私に抱きつくと、ひしと抱きしめてきた。

「ありがとう、先生……」

私は、彼女の今後の人生の幸せを願わずにはいられなかった。

人妻手記
心も身体もあたためられて……
激イキっしちゃった絶頂体験を告白します

２０２２年１月１８日　初版第一刷発行

発行人　後藤明信
発行所　株式会社　竹書房
〒102-0075　東京都千代田区三番町８－１
三番町東急ビル６Ｆ
email：info@takeshobo.co.jp
ホームページ：http://www.takeshobo.co.jp
印刷所　中央精版印刷株式会社
デザイン　株式会社　明昌堂
本文組版　ＩＤＲ